KB041183

# 금융의 배신

# 금융의 배신

초판 1쇄 | 2012년 12월 11일
    2쇄 | 2013년 1월 15일

지은이 | 백성진 · 김진욱
펴낸이 | 김성희
펴낸곳 | 맛있는책

출판등록 | 2006년 10월 4일(제25100-2009-000049호)
주소 | 서울 광진구 중곡동 639-9 동명빌딩 7층
전화번호 | 02-466-1207
팩스번호 | 02-466-1301
전자우편 | candybookbest@gmail.com

ISBN : 978-89-93174-25-0 03320

# 금융의 배신

| 백성진 · 김진욱 지음 |

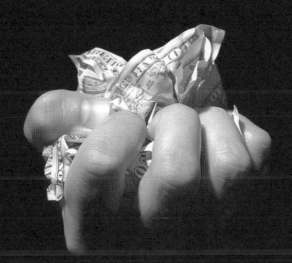

맛있는책

# 실업, 부채, 부도, 오큐파이……
# 우리의 고단한 삶 한가운데 금융이 있다

21세기의 대한민국을 들여다보면, 모두가 살기 힘들다고 아우성이다. 그런데 이 고단함이 인류 역사를 통틀어 항상 있어왔던 먹고사는 문제에 따르는 고단함이 아니라는 데 문제가 있다. 절대적 기준으로 비교를 하자면 우리는 과거보다 엄청나게 좋아진 생활환경속에서 살아가는 것이 사실이다. 그러나 상대적 잣대를 들이대면대한민국은 역사 이래로 가장 고단한 시기를 견디고 있다.

불과 15년 전 단군 이래 최대의 사건이라는 외환위기와 함께 우리 사회는 모든 것이 변했다. 건국 이래 6.25와 두 번의 쿠데타에도 쉽게 변하지 않던 사회가 너무 쉽게, 너무 빨리 변해버린 것이다. 신용불량자, 금융피해자, 금융소외자, 사채, 모피아, 비정규직, 청년실업, 88만 원 세대, 가계부채 1000조 원, 하우스푸어, 렌탈푸어, 오큐파이(Occupy) 등 부정적이고 음울한 기운을 뿜어내는 단어들이 우리 사회를 지배하고 있다.

외환위기 이전에는 존재하지 않았거나 관심 밖이었던 단어들이다. 단순한 빈곤, 단순한 빛, 단순한 소외가 아니다. 이런 단어들은 우리의 고통이 누군가에 의해 배후 조종된 것이며, 그 결과 일방적으로 어느 한 쪽의 배만 불려주고 있음을 짐작하게 해준다.

정부에서 발표하는 국민소득이나 수출 실적은 우리 사회를 가늠하는 지표가 될 수 없다. 오늘의 우리 사회를 가장 정확하고 간단하게 표현할 수 있는 지표는 "금융사 순이익 매년 갱신", "자살률 OECD 최고", "파생금융상품 거래 3경 돌파", "노동자 실질임금 매년 하락", "비정규직 비율 최고", "금융소비자 재테크 수익 악화" 등이다.

눈치 챘는가? 우리 사회의 고단함을 하나로 관통하는 단어가 바로 "금융"이란 사실을!

나는 이 책을 통해 외환위기 이후의 금융 사태들을 하나하나 짚어보고, 그것들이 우리 사회와 우리의 삶을 어떻게 변화시켰는지 분석해보려고 한다. 나와는 아무 상관없을 것 같은 론스타가 내 주머니를 어떻게 털어갔으며, 저축은행의 부실경영이 내 지갑과 어떤 관계가 있는지 알려줄 것이다. 글로벌 기업이라고 자부하는 대기업들이 어떻게 주가조작을 하고, 고객의 돈을 어떤 방법으로 갈취했는지 밝힐 것이다.

당신들이 철석같이 믿는 금융은 규제와 감독의 사각지대에서 온갖 부도덕하고 탐욕스러운 행동을 하고 있다. 금융은 그저 금융일 뿐, 어떤 특권을 가진 존재가 아니다. 은행이나 카드사가 부실경영을 해서 부도가 나면 망해야 마땅하다. 그러나 정부와 금융 당국은 금융사에만 유독 관대하여 공적자금, 다시 말해 혈세를 쏟아부어 회생을 시켜준다. 그들은 공적자금으로 인센티브 잔치를 하고 주주들에게 고액의 배당을 한다. 이들의 부도덕함은 인내와 자비심의 한계를 넘어선다.

은행사, 카드사, 증권사, 보험사 등과 거래를 했다면 당신 역시 100% 당했다고 보면 된다. 그들에게 중요한 것은 오로지 그들의 이익일 뿐이다. 당신의 이익은 그들의 안중에도 없다. 고객에 대한 최소한의 양심과 의무를 그들에게 기대했다면 당신은 아직도 덜

당한 거다. 금융은 저절로 바뀌지 않는다. 금융을 바꾸기 위해서는 금융소비자인 우리가 먼저 바뀌어야 한다. 그러면 어떻게 바뀌어야 할까? 그것이 내가 이 책을 쓴 이유다.

일단 책을 펼쳐라! 이래저래 당신과 관련된 내용이 나올 수도 있다. 혹은 신문이나 TV에서만 보았던 먼 나라 이야기가 나올 수도 있다. 나와 관련이 없다 생각하더라도 꾹 참고 읽어라. 그러면 어느 순간 금융 시스템과 내가 연결되는 고리가 보이기 시작할 것이다. 그리고 거대한 금융 시스템 안에서 내가 힘들게 번 돈을 털어가는 손이 보일 것이다. 그러면 된 것이다.

그냥 "이럴 수가!" 혹은 "아, 역시!" 등의 감탄사만 내뱉어도 충분하다. 처음부터 모든 걸 다 알려고 하면 머리 터진다! 잘 알지 않는가. 우리나라 국민들, 감 하나는 끝내준다. 감으로 확인하고, 그 동력을 모아 더 세부적으로 가면 된다. 내가 친절하게 앞에서 끌어줄 테니 일단 따라오면 되는 거다. 물론 더 깊숙이 알고 싶다면 열심히 검색하고 열심히 공부해도 좋다! 이 책은 전체적인 그림만 그리고, 반응이 좋으면 2탄으로 디테일한 그림을 그리겠다는 계획도 갖고 있다.

1부에서는 이 책을 읽어야 할 이유에 대해, 2부에서는 금융사들의 탐욕에 대해, 3부에서는 소비자들의 피해에 대해, 4부에서는 이 시대의 금융소비자로 살아가기 위해 꼭 알아야 할 것들을 다루었다. 물론 순전히 내 판단과 감으로 가장 중요한 사건들을 선별했으며, 꼭 알아야 할 내용들을 추렸다. 뭐 '그것 보다 이게 더 중요하네 마네' 따지지 마라.

10년차 마우스 워리어인 나는 일목요연하게 이론을 정리하는 데는 좀 서툴지 모르지만, 내 생각을 글로 뿜어내고 제대로 전달하는 능력 하나는 탁월하다고 자부한다. 하나하나 논박하려 들지 말고 큰 틀을 즐기며 읽어라. 거대한 주제를 향해 돌진해 가는 느낌을 존중해라!

다행히 나와 생각이 같고, 감이 같고, 촉이 같다면 우리 만나 밤새워 토론해보자.

그 날을 손꼽아 기다린다.

2012년 12월 1일

# 차 례

머리말 · 5

## 1부 분노하라, 제발

**1** 이것은 피 같은 당신 돈에 대한 얘기다 — 17

**2** 빚 권하는 대한민국 — 20

**3** 당신이 왕이라고! 봉이 아니고! — 23

**4** '금융소비자위원회'의 창립을 선언하노라 — 27


## 2부 배신자여, 너의 이름은

**1** 회장님과 함께 사라진 2,200억 원 삼부파이낸스 사건(1999년) — 33

피해자 3만 명, 피해액 2,200억 원 · 33

50% 수익률의 덫 · 36

세상에 공짜는 없다 · 37

**2** 세상은 넓고 사기 칠 일은 많다 대우 분식회계 사태(1999년) — 39

김우중 회장의 일장춘몽 · 39

금융 당국은 회장님 편! · 41

수만 노동자, 수십만 개미들의 눈물 · 44

세계경영, 세계적 돌려막기 · 46

**3** 비극은 아직 끝나지 않았다 론스타 사태(2001년〜) — 49

돈 바쳐, 몸 바쳐, 제소 당해! · 49

배당이라는 이름의 초강력 빨대 · 53

**4 '금융채무불이행자'의 탄생** 신용카드 대란(2003년) — 58

가계 발 금융위기의 시작 · 58

알면 눈물 나는 '금 모으기 운동' · 62

공적자금은 얼마나 회수되었을까 · 65

외환위기 Before & After · 67

업계 1위 LG카드의 손 털기 작전 · 69

MB보다 금융 · 72

**5 미국도 망할 수 있다** 서브프라임 사태(2008년) — 74

월스트리트 연쇄부도 사건 · 74

남의 집 불구경이 아닌 이유 · 78

**6 누가 우량 중소기업을 울렸나** KIKO 사태(2008년~) — 80

키코가 뭐길래 · 80

한국 정부의 '뱅크 프렌들리' 정신 · 85

검찰은 왜 미국까지 날아갔나 · 90

**7 천국에서 지옥으로** 두바이 금융 사태(2009년~) — 94

아, 석유! · 94

두바이 몰락의 일등 공신은 미국 · 96

빚은 천국도 자빠뜨린다 · 99

**8 세계표준도 조작된다** 영국 리보금리 조작 사건(2012년) — 101

전 세계를 상대로 한 사기극 · 101

모두가 함께 해먹었다 · 104

내 돈 내놓으라고 왜 말 못 하나 · 105

**9 은행은 웬만한 건 잘못해도 괜찮아** 집단대출 서류 조작(2012년) — 108

중도금 대출서류 쯤이야 · 108

은행들에게 소심한 한 마디 · 109

# 3부 소비자냐, 속이자냐

**1 너희들이 정녕 은행이냐** 저축은행 사태(2009년~) — 113

불법과 비리의 백화점 · 113

PF대출로 한방에 훅 가다 · 115

누가누가 더 많이 해먹었을까 · 117

피해자에서 투사로 · 120

아직 터널의 끝이 아니다 · 122

**2 100% 손해 보는 이상한 재테크** ELS 주가조작 사건(2010년) — 124

고양이인줄 모르고 생선을 맡기다 · 124

그들에게 주가 조작은 코 푸는 것보다 쉬웠다 · 126

양복 입은 야바위꾼 · 128

**3 우리는 모두 네 번이나 털렸다** 개인신용정보 유출 — 130

이건 결단코 심각한 일이다 · 130

민사 배상으로 응징하자 · 133

**4 우리가 멍청해서 당한 줄 알았다** 보이스피싱 — 135

이제 그만 낚이자 · 135

어느 날 갑자기 빚이 생겼다 · 136

**5 먹튀는 여기에 있다** LIG건설 기업어음 사기발행 사건(2012년) — 139

부실 기업의 수호천사 · 139

마지막 돈줄은 언제나 개미 · 141

대기업은 사기도 크게 친다 · 144

늘 있는 놈들이 더 한다 · 146

# 4부 금융소비자를 위한 특별 교양교육

## 1 민자사업은 대부분 삽질이다 — 151

금융족과 토건족의 만남 · 151

밥그릇 챙기기 대혈투 · 153

## 2 신용불량자를 2번 울리는 신용회복제도 — 156

'금융채무불이행자'의 탄생 · 156

한 집에 빚이 4,213만원 · 159

면책된 것도 아니고, 안 된 것도 아닌 · 161

누가 나의 신용을 평가하나 · 162

우리나라 신용평가기관 알아두기 · 166

한 번 불량이면 영원한 불량 · 167

제발 이렇게 좀 하자 · 170

## 3 넥슨의 머니 게임 — 172

넥슨을 돈슨이라고 부르는 이유 · 172

"넥슨은 한국 회사가 아니므니다~" · 175

약탈적인 '1만 대 1' 주식병합 · 177

넥슨의 '적자 내기 대작전' · 180

신용정보 유출까지, 참 여러 가지 한다 · 181

넥슨의 노예가 된 PC방 업주들 · 182

## 4 '김앤장'은 참 나쁘다 — 187

언제나 유효한 공식, 유전무죄 · 187

## 5 모피아, 금융 제국을 만든 사람들 — 194

회전문 안의 사람들 · 194

정권은 유한하고 모피아는 영원하다 · 196

맺음말 · 201

# 1부

# 분노하라, 제발

# 1

# 이것은 피 같은
# 당신 돈에 대한 얘기다

이 책은 우리가 알고 있거나 한번쯤은 들어봤을 법한 금융 사건들을 소개하고 있다. 당신은 여전히 신문 지면을 오르내리는 대형 금융 사건들은 나하고는 상관없는 얘기라고 생각한다.

우리나라 국민들은 이런 일에 대해서 참 관대하다. 관대해도 너~~무 관대하다. 개인정보 유출 사건이 터지니까 "거봐, 야동 다운받지 마." 키코 터지니까 "어머, 사장들도 환투기하네." 보이스피싱 터지니까 "멍청하긴, 그걸 속냐?" 그리고 주가조작, 금리 조작 터지니까 "그런 방법도 있었구나~"란다. 이게 대체 뭘까?

심지어 "은행 수수료가 너무 많고 비싸다." 그러니까 "은행도 먹고 살아야지." 하면서 두둔하기까지 한다. 죽어서 분명히 천당 갈 게 확실한 사람들은 "그런 서비스는 돈 내는 게 당연하다."고까지 한다. 음, 어뜩하지~?

나는 정말 궁금할 때가 있다. 우리 대한민국 국민들은 이런 세상에 살면서 정말 아무렇지도 않은 걸까? 그냥 살만한 걸까? 시장에 가서 몇 백 원 깎는 게 알뜰하다고? 대형마트 물건의 품질은 생각도 안 하고 몇 백 원 싸게 샀다며 현명한 소비자인 척 하는 것이 제대로 된 생각인가? 그렇게 현명한 사람들이 왜 은행이 가지고 있는 이런 불합리한 일들에는 도통 관심을 가지지 않는 걸까?

내가 내 돈으로 은행 먹고 살게 해주는데, 은행이 부실 경영을 해서 어려워지면 내가 낸 피같은 세금으로 지원을 해준단다. 그런데도 억울해 하지도 않고 분통 터뜨리지도 않는다. 왜 그럴까, 왜 그럴까, 왜 그럴까……

난 너무나 답답해 돌아가실 지경이다. 제발 관심 좀 가져주길 바라는 심정에서 이 책을 쓴 것이다. 당신들이 어렵게 생각하는 금융이란 놈을 최대한 쉽게 풀어놓았다. 재미없으면 당신들이 읽어주지 않을 거니까!

어때, 관심들이 좀 생기시나? 여기서 각설하고 본론을 시작해보려고 한다. 뭐 각설한다니까 뜬금없이 각설이가 생각난다. 난 각설이가 좋다. 죽지도 않고 또 오는 각설이처럼 왜곡된 금융을 바꾸기 위해 끝까지 가볼 것이다. 지금 우리 사회에 깊숙이 들어와 있는 끔찍한 금융은 분명히 바뀌어야 한다. 왜냐고? 당신의 삶을 좌지우지하기 때문이다. 이 책은 남의 돈 얘기가 절대 아니다. 당신이 죽을 똥 살 똥 힘들게 모은 당신들 돈 이야기다!

# 2

# 빛 권하는 대한민국

MB가 좋아하는 국격의 실체를 알아볼까? 국민소득 2만 불, 녹색
성장, 글로벌 금융위기의 극복, G20 의장국, 세계 10위권의 경제
강국, 다 필요 없다!

우리나라 가계가 진 빚이 총 1,000조 원이라고 한다. 전세자금
등 다른 부채까지 포함하면 무려 1,800조 원이다. 우리나라 1년 예
산이 300조 원이니까, 나라 전체가 숨만 쉬고 6년 동안 모아야 가
계부채를 다 갚을 수 있다. 가계지출 중 생활비 비중을 보면 더 슬
퍼진다. 2011년 기준으로 31%다. 100만 원 벌면 31만 원을 꼬박
먹고 사는 데 썼다는 거다. 어마어마한 사교육비는 어떻게 감당해

야 하나?

　우리나라가 OECD 국가라고 한다. 그러나 내가 아는 한 대한민국은 OECD 국가에 포함된 개발도상국인 거다. 국민소득 2만 불 운운은 개 풀 뜯어 먹는 소리다. 국민소득 2만 불이 되려면 5인 가족 기준으로 1년에 1억 원의 수입이 있어야 한다. 당신네 집은 1년에 1억 원 버는가? 주위에 1억 원을 버는 가정이 과연 얼마나 되나? 냉정하게 얘기해 보자. 출퇴근할 때 대중교통 이용하는 사람들의 99%는 1억 원 못 번다. 1억 원이라는 수치는 은행과 대기업에 집중된 돈(물론 이것도 당신과 당신 가족들에게 빼앗은 돈이다)과 당신의 동생과 자식들이 간신히 번 88만 원을 합해 인구수로 나눈 것이다. 우리 아들딸들이 연봉 2,000만 원만 되었더라도 사는 게 이렇게 힘들겠는가?

　우리나라 대출의 32.2%가 생활비로 쓰인단다. 국민소득 2만 불 국가에서 생활자금이 모자라 대출받는다는 게 말이 되냔 말이다. 심지어 1년 연봉을 다 모아도 빚을 갚을 수가 없다. 가처분소득보다 가계부채가 훨씬 많다는 거다.


　그런데 이런 절망적 상황을 만드는 데, 당신의 무관심도 한 몫 했다. 무관심한 채 그냥 열심히 일했더니, 그 열매는 엄한 놈이 가져간다는 거다. 무관심의 반대는 관심이고, 절망의 반대는 희망이다.

무관심했더니 절망이었으면, 관심을 가지면 희망이 보일 거다.

또 하나, 나는 우리의 집단 지성을 믿는다. 2008년 촛불집회를 기억하는가? 50만 명이 모였다. 말이 집회지 격하게 말하면 반정부 투쟁이었다. 그 많은 사람들이 모였는데, 거리에 주차된 차 하나 부서진 것이 없었고, 상가 하나 털린 것이 없었다. 이거 기네스북에 오를 일이다. 스포츠 경기 한 번에 폭동이 일어나는 나라도 많다. 반정부 투쟁이라면 말할 것도 없다. 그런데 우리는 안 그랬다.

자, 지금이라도 늦지 않았다. 금융이 가지는 사회적 영향력만큼 의무를 이행하게 하고, 힘없는 사람들 주머니 털어가지 못하도록 하자. 금융은 특별하지가 않다. 우리가 시장에서 매일 사고파는 물건과 같다. 당신의 관심과 집단 지성이 금융소비자인 당신의 삶을 바꿔줄 것이다. 내 말 한 번 믿어봐라.

# 3

# 당신이 왕이라고!
# 봉이 아니고!

내가 가장 중요하게 여기는 것은 내 주머니의 돈이다. 그걸로 재테크를 하든 쌈을 싸먹든 당신들 자유지만 쓸데없이 갈취당하는 건 참으로 이해 안 되는 바보 짓 아닌가? 그래서 내가 이렇게 책도 쓰고, 토론회도 하고, 집회도 하고, 언론 인터뷰도 열심히 하는 것이다. 왜? 내 돈은 소중하니까!

그렇게 허무하게 날릴 거라면 차라리 불우이웃을 도와주라는 거다. 금융을 쥐고 있는 놈들은 당신보다 훨씬 부자다! 나이트 웨이터한테 돈 뿌리지 마라. 당신들보다 훨씬 잘 버는 경우가 수두룩

빡빡하다! 그렇기에 제발 알아야 한다는 거다. 그렇게 안 당하기 위에서는 모여서 이야기해야 하는 거다.

금융소비자 역시 소비자다. 소비자는 왕이다. 당신이 언제 어디에서 소비활동을 하든 그것은 변치 않는 진리다. 하지만 금융만은 언제나 별개였다. 당신은 금융을 위해 소비도 해줘야 하고, 금융이 잘못이라도 저지르면 공적자금이라는 혈세를 몰아주기까지 해야 한다. 그러다가 당신의 소비에 문제가 생기면 전적으로 당신이 책임진다. 이게 가당키나 하냐는 말이다.

요즘 금융소비자의 당연한 권리에 대한 욕구가 높아지면서 소비자 운동으로 발전하고 있는 와중에, 금융권은 뜬금없이 '금융소비자'가 아닌 '금융이용자'라고 말 바꾸기를 시작했다. 이렇듯 용어를 살짝 바꿔놓는 것은 예상외로 엄청난 힘을 발휘한다. 얼마 전 '신용불량자'를 '금융채무불이행자'로 바꿔 부르면서 마치 사회 전반의 문제가 해결된 것 같은 효과를 겪지 않았는가. 아무튼 큰일 낼 놈들이다. 자기들은 분명히 금융상품을 팔면서 소비자가 아니고 이용자라고 말하는 거다. 절대 요런 것에 농락당하지 마라!

정치인들에게 금융소비자에 대한 보호와 권리에 대해 물어보면 온갖 감언이설로 구렁이 담 넘듯 넘어가려 하는데, 그들의 간교한 말에 절대 속지 말고 투표를 잘 해야 한다. 매일 매일 그렇게 죽으라고 일해서 번 돈으로 떡 사먹는 것도 아니고 엄한 놈들한테 옴팡 뺏기는 것이 슬프지 않은가.

이쯤에서 금융과 관련해서 소비자 운동을 하고 있는 시민사회단체를 소개해주겠다.

흔히 말하는 좌파 단체도 있고, 대중 단체도 있고, 참으로 많은 단체들이 열심히 일하고 있다. 보수, 우파 단체들 한두 곳도 활동을 하고 있는데 금융사의 입장을 대변하는 경우가 태반이다. 금융소비자협회처럼 다양한 연석회의에 참여하는 단체도 있다. 당장 가입하란 말은 안 하겠다. 일단 관심을 가져라. 그리고 스스로가 왕임을 자각하라!

| 서민금융보호전국네트워크 |
경제민주화를 위한 민생연대, 희망살림, 빚을갚고싶은사람들, 에듀머니, 금융소비자협회, 희망카페, 면책자클럽, 민주화를위한변호사모임 민생경제위원회, 참여연대 민생희망운동본부, 한국진보연대 민생위원회, 전국유통상인연합회

| 금융채무사회책임연석회의 |
금융피해자연대 해오름, 금융피해자협회, 대구인권운동연대, 부산파산지원연대, 홈리스행동/참관:대전민생상담네트워크−새벽

| 가계부채탕감운동본부 |

대학생사람연대, 인천사람연대, 진보신당, 좌파노동자회 금융공공성운
동본부, 투기자본감시센터, 금융소비자협회

| 가칭 '금융소비자위원회' 독립설치 범국민운동본부 |

전국금융산업노동조합, 전국사무금융노조, 키코피해기업공동대책위원
회, 투기자본감시센터, 금융소비자협회

# 4

# '금융소비자위원회'의
# 창립을 선언하노라

앞으로 내가 할 이야기들은 사실 많은 토론도 많은 연구도 필요 없다. 어차피 모피아가 금융사와 금융 당국까지 장악한 상태에서 공적자금, 사회공헌기금, 금융소외자 기금 등으로는 지금과 크게 달라질 게 없을 테니까.

우리, 한 방에 가자!

당신들과 내가 직접 하는 거다! 무슨 말이냐고? '금융위원회'가 있으니깐 우리는 '금융소비자위원회'를 만드는 거다. 그래서 금융위원회를 감시하고 금융사를 견제하는 거다. 또 금융정책에 참여해서 금융소비자를 위해 투명하고 공정하게 거래가 이루어지도록 만드는 거다. 어떤가? 그럼 일이 쉽게 풀리지 않을까?

권력과 정보, 돈, 하여튼 모조리 다 가진 괴물이 금융이다. 괴물을 이기려면 최소한 동등하게 링에 오를 수 있게끔 포지션이 있어야 하지 않겠는가. 자, 지금이라도 늦지 않았다. 금융이 가지고 있는 사회적 영향력만큼 의무를 이행하게 하고, 내 주머니에서 한 푼이라도 강탈하지 못하게 만들자. 금융은 특별하지 않다. 우리가 매일 사고파는 일반적인 소비와 동일한 것이다.

수십 년 동안 금융시장이 성장해 온 것은 시장의 동력인 소비자가 존재했기 때문이다. 그러니 소비자가 바뀌면 금융시장도 바뀌는 거다. 소비자 운동을 통해서 소비자 중심으로 충분히 바뀔 수 있다.

어떠냐? 이 책의 기본적인 내용에 동참한다면 소비자로서 당당히 당신의 권리를 주장해라! "금융은 특별해."라고 생각한다면 이 책을 읽고 생각 자체를 바꿔라. 금융은 내 주머니를 함부로 털어도 용인이 되고, 금융에 나의 권리 따위는 없다고 생각하는 노예들은 그냥 있어라. 당신들까지 설득하기엔 내 능력이 안 된다.

어렵지 않다, 지금이라도 관심을 가져라, 그러면 바뀐다! 금융에 대해서 의심을 해라, 그러면 바뀐다! 금융이 당신들 돈을 제대로 불려주는지 제대로 관리하는지, 귀찮게 해라! 뉴스에서 이자율이 얼마고 피해액이 얼마고 떠들 때 눈물 흘리지 말고 미리미리 따져라! 내가 지금 이야기하는 건 내 돈이 아닌 당신들 주머니에 든 당신들 돈이다!

금융을 믿으면 배신당한다! 금융은 신뢰를 가장해서 너를 속인다! 명심해라!

지금부터 어떻게 금융이 당신을 속여 왔고, 어떻게 당신들 주머니를 훑어갔는지 하나하나 밝혀주겠다. 눈 크게 뜨고 지켜봐라.

자, 지금부터 시작이다.

2부

# 배신자여,
# 너의 이름은

# 1

# 회장님과 함께 사라진 2,200억 원
## - 삼부파이낸스 사건(1999년)-

피해자 3만 명, 피해액 2,200억 원

2012년 10월 13일 SBS에서 방영된 「그것이 알고 싶다」 865회 "기묘한 실종 - 사라진 회장님과 2,200억"에 대한 얘기로 시작해 보자. 뭐, 이 프로그램을 못 봤어도 좋다. 내가 지금부터 조근조근 설명해줄 테니. 한 때 세상을 주름잡았던 사람의 기묘한 행동! 우리나라에 '유사수신 행위의 규제에 관한 법률'을 제정하게 만든 주인공, 삼부파이낸스 양재혁 전 회장의 이야기다.

삼부파이낸스는 1996년 1월 양재혁 전 회장이 사채업자에게 빌린 30억 원 등으로 설립했다. IMF 체제 이후 부산지역 4개 종금사와 동남은행의 퇴출 상황 속에서 틈새시장을 적절히 활용하여 영업을 시작한 것이다. 영업초기 연 25%라는 경이로운 수익률에 고무되어 서민들의 자금이 급격하게 몰린 것은 불을 보듯 뻔한 일이었다. 불과 영업 개시 2년 만에 전국 54개 지점을 비롯해 일본 오사카와 미국 뉴욕에 해외 현지법인을 둘 정도로 급격한 성장을 거듭하게 된다. 또한 자회사인 '삼부 엔터테인먼트'와 '삼부벤처 캐피탈', '한결 파이낸스'를 잇따라 설립하고 영화 '엑스트라', '짱', '용가리'에 거액을 투자하며 언론을 통해 신생 기업으로서 비상한 관심을 모으기까지 한다.

하지만 양 전 회장은 투자자들의 눈을 속이며 상당한 돈을 비자금으로 빼돌리고 있었다. 투자 기간이 끝나면 재투자를 받는 형식으로 대부분의 이자 및 원금을 돌려주지 않은 채 돌려막기를 했던 것이다.

마침내 양 전 회장은 1,116억 원을 빼돌려 계열사를 설립하고 230여억 원을 호화생활 경비로 쓴 혐의 등으로 1999년 9월 대검 중수부에 구속, 징역 5년형을 선고받고 복역한 뒤 지난 2004년 출소했다.

그의 횡령 사건으로 부산지역을 중심으로 약 3만여 명의 피해자가 발생했고 그 피해액은 2200억 원이나 되었다. 이 사건을 계기로 '유사수신행위의 규제에 관한 법률'이 만들어졌다. 삼부파이낸스 사건과 최근 부산제일저축은행 사건을 보고 있자면 부산 시민들이 얼마나 순수하고 사람을 잘 믿는지 알 것 같다.

양 전 회장은 복역 전 삼부파이낸스 재무담당 부사장을 지냈던 하모 씨에게 5,000만 원을 주며 피해자들의 손실을 정산하기 위한 회사를 설립하라고 지시했다. 그런데 이 회사는 양 전 회장과 삼부파이낸스 법인 명의로 된 2,200여억 원 규모의 부동산을 처리해 만든 회사였다. 양 전 회장은 하 씨가 관리하던 삼부파이낸스 재산이 현금 2,250억 원에 해운대 땅과 당시 사옥을 비롯한 부동산까지 합치면 4,200억 원이 넘는다고 했다. 하지만 그 하 모씨는 양 전 회장이 구속된 사이에 2,000여억 원의 회사 돈을 빼돌려 싱가포르로 도주하였으며, 아직도 도주 중이다.

| 유사수신행위란 인가받지 않은 업체의 고수익 사기극! |
유사수신행위란 다른 법령에 따른 인가, 허가를 받지 아니하거나 등록, 신고 등을 하지 아니하고 불특정 다수인으로부터 투자원금 또는 출자금 이상의 금액을 확정하여 지급 보장한다면서 자금을 조달하는 것을 업으로 하는 행위다.

법으로 유사수신행위는 전면 금지! 위반 시 5년 이하의 징역 또는 5,000만 원 이하의 벌금에 처할 수 있다. 유사수신행위 업체에 투자해서 피해가 발생할 경우, 상법상 일반회사이므로 예금자보호법 등의 금융 관련 법률에 의한 구제를 받을 수 없다. 일반적인 채무불이행, 사기 고소 등으로 소송을 진행해야 한다. 대부분의 업체는 잔여 재산이 없거나 은닉하는 행위 등으로 사실상 투자금 회수가 어렵다.

## 50% 수익률의 덫

그 외 유사수신행위 사건을 정리해보자면 아래의 표와 같다. 1998년과 1999년에 유사수신 업체들의 영업은 극에 달했는데, 연 50%의 수익을 보장하거나 심지어는 6개월에 원금의 2배를 배당하겠다는 곳도 있었다. 당시 업체의 숫자만 하더라도 전국적으로 7백여 개에, 투자된 유동자금만도 10조 원에 달하였다. 사람들의 헛된 욕망에 편승해 불법 사금융 행위가 판을 친 것이다.

이러한 결과 재정경제부는 1999년 9월 22일 유사수신행위에 관한 법률안을 마련하겠다고 발표했으며, 1999년 11월 13일 중앙청사에서 당시 김종필 총리의 주재로 국무회의를 열고 '원금 보전 또는 원금을 초과하는 수익을 약정하고 불특정 다수로부터 투자금액을 납입 받는 행위'를 금지하는 '유사수신행위의 규제에 관한 법률

제정안'을 심의, 의결했다. 그리고 2000년 1월 12일부터 시행되고
있다.

■ 기타 유사수신행위 사건

| | | |
|---|---|---|
| 재테크뱅크<br>(1995년 5월) | – 서울 삼성동 위치<br>– 원금기준 월 22%, 연 264% 배<br>당 약속<br>– 신규 고객 유치 시 유치금의 4%<br>를 수당으로 지급 | – 골프장 개발과 부동산 매입 등 투자<br>– 자금난으로 회사 대표 잠적<br>– 3백 50억 원, 1천여 명 피해 |
| 건우투자조합<br>(1999년 8월) | – 경남, 창원, 김해, 부산에 4개 지<br>점 개설<br>– 월 26%, 연 312% 배당 약속 | – 골프장 개발과 부동사 매입 등 투<br>자 자금난으로 회사 대표 잠적<br>– 2억 원, 60여 명 피해<br>– 99년 10월 영업 중단 |
| 에이스월드교역<br>(2001년 3월) | – 6개월에서 1년간 투자 시 투자금<br>의 2~8% 배당을 약속 | – 중국 내 알루미늄 새시공장과 패<br>스트푸드점에 투자 유치<br>– 735억 원, 4000여 명 피해<br>– 전국에 10여 개의 다단계회사 운영 |

## 세상에 공짜는 없다

고수익을 보장하는 건 무슨 문제가 있다는 거다! 수익률 높다고
따라 다니다간 쪽박 차기 십상이다. 세상에 공짜는 없다. 부동산을
하려거든 대출 없이 하라. 까딱하다간 눈 뜨고 코 베이는 게 그 바
닥이다. 부동산 사기를 당하거나 사기를 치거나, 둘 중에 하나다.

가장 안전한 재테크는 은행의 저축과 적금뿐이다. 펀드는 사기가 아니지만 알아둬라. 금융사도 가끔 사기를 친다. 그것도 아주 잘 친다. 마지막으로 함부로 고소, 고발하지 마라. 나는 분명 모두가 사기꾼이라고는 하지 않았다.

# 2

# 세상은 넓고 사기 칠 일은 많다.
## - 대우 분식회계 사태(1999년) -

## 김우중 회장의 일장춘몽

샐러리맨의 신화, 대우그룹 김우중 회장은 M&A의 천재라고 할 정도로 기업 합병을 통해 회사를 급성장시켰다. 또한 "세계는 넓고 할 일은 많다."면서 1990년부터 전 세계를 종횡무진하며 세를 넓혔다. 1997년 말 대우그룹 전체 노동자 중 해외 인력 비중이 2/3를 넘었고, 해외사업장은 현지법인 372개를 포함, 총 590개에 이르렀다. 2000년에는 35만 명의 노동자와 1,000여 개의 해외 사업 기지를 토대로 한 글로벌 기업으로 우뚝 서겠다는 것이 김우중 회장의 계획이었지만, 이 모든 것은 외환위기와 함께 일장춘몽으로 끝나고 말았다.

대우의 위대한 꿈이 좌초한 원인은 당연히 외환위기이지만, 김우중 회장의 독단적인 투자 행태 역시 큰 원인을 제공했다고 볼 수 있다. 당시 김 회장은 자유화 물결에 힘입어 국영사업이 민영화되던 추세에 있던 구 소련, 동유럽 쪽에 투자를 집중했다. 그 쪽은 장기 프로젝트인 경우가 많았는데, 수시로 단기 자금을 차입해야 했다. 쉽게 말해서 이익을 내기 위해서는 서유럽이나 미국 같은 시장보다 시간이 좀 더 걸린다는 뜻이다. 아직 이득은 나오지 않는 시장에 자금을 수혈해야 될 일이 빈번하니, 그룹 유동성이 항상 살얼음판이었던 것이다. 그 와중에 외환위기가 터졌으니 무슨 방법이 있었겠는가. 아쉬운 것은 대우가 좀 여유를 두고 투자를 했더라면 우리나라도 거대한 글로벌 기업을 만날 수 있었을지도 모른다는 사실이다.

각설하고 실제로 이런 상황이 터지자 대우는 글로벌 경영보다 당장 눈앞의 부도위기가 더욱 급했을 것이다. 사실 빚 때문에 돌려막기 하는 평범한 사람들도 대부분 그렇게 판단한다. 그래서 사채까지도 사용하는 거다.

대우가 선택할 수 있는 것은 두 가지 밖에 없었다. 하나는 돈을 구해서 여유를 찾는 것! 그리고 나머지 하나는 문제가 없는 것처럼 보이는 것! 대우는 분명히 시간만 벌면 충분히 가능한 상황이라 판단했을 거고, 대우는 당연히 후자를 선택했다. 그리고 그 후자의 방법이 지금부터 얘기하려는 분식회계다.

김 회장은 시간만 벌면 된다는 생각이어서, 분식회계에 대해서 자신만 알고 나머지 사람들은 대강의 몸통도 못 그리게 할 만큼 모든 걸 비밀리에 처리한다. 당시 대우그룹의 회계 담당 간부들도 그룹 차원의 분식 총액을 알 수 없었다고 할 정도로 치밀하고 복잡하고 깔끔하게 말이다.


## 금융 당국은 회장님 편!

김우중 회장의 초대형 블록버스터 사기극은 사실 일찍이 조짐이 있었다. 대우그룹은 1970년대 중반부터 작성해 오던 영문판 연결 재무제표를 1990년대 중반부터 그냥 쌈 싸 먹었고, 1996년 8월에는 젊은 공인회계사들이 대우그룹 계열사의 회계감사에 관한 양심 선언을 준비했다가 무산된 일도 있었다. 1997년에 이르러 금융 당국은 감사를 통해 대우 그룹의 수천억 원 규모의 분식회계를 적발했다. 그런데 웬일인지 우리의 금융 당국은 경미한 징계 조치만 하고 덮어버렸다. 2011년 저축은행 사태가 생각나지 않는가. 그러고 보면 우리의 금융 당국도 참 외길인생이다. 좀 변해봐라! 이 시베리안 허스키, 18색 크레파스들아!!

1999년 8월 대우그룹의 워크아웃이 결정되었고 1999년 11월 초 삼일회계법인의 실사 결과 42조 9천억 원의 장부 상의 차이를 찾아냈다. 재무제표가 아주, 아주, 아주~ 크게 틀려주신 거였다. 당연히 금융 당국은 2000년 9월까지 대대적으로 대우그룹을 뒤지기 시작했고, 그 결과 분식회계 규모는 22조 9천억 원이며 약 15조 원의 부외부채(회계장부 상)와 대손상각하지 않는 4조 원의 부실채권, 가짜 재고자산 3조 원 등을 찾아냈다.

샐러리맨의 신화 김우중 회장의 독단적인 판단으로 대우그룹은 산산이 부서졌고, 그로 인해 가장 큰 피해를 입은 이는 노동자와 개미 주주였다. 집단소송을 통해 피해자들이 배상을 받기까지 무려 10년의 세월을 소비하였지만 과연 보상이 제대로 되었을까 의심스럽다. 글로벌 경영이 정말 좋은 뜻이었을 수도 있지만 자신의 실패 또는 실책에 대해 아무런 책임도 지지 않는 김우중 회장을 역사가 어떤 평가를 내릴지 궁금하다.

대수롭지 않게 생각해 저지른 그의 범죄로 수만 명의 노동자와 그보다 더 많은 가족들, 또한 수십만 명의 개미 주주들의 꿈과 미래가 깨지고 말았다. 그것을 대체 누가 보상한다는 말인가!

| '분식회계'란 회계에 분칠을 했다는 것! |

분식(粉飾)이란 '실제보다 좋게 보이려고 사실을 숨기고 거짓으로 꾸미는 것'을 뜻한다. 粉飾會計(Window dressing in accounting)란 기업이 고의로 자산이나 이익 등은 부풀리고 부채는 줄임으로써 재무상태나 경영성과를 고의적으로 조작하는 것이다. 즉 기업이 회사의 외형적 실적을 좋게 보이기 위해서 허위매출, 비용누락 등의 방법을 동원해 고의로 회계장부를 조작하는 것을 말하는 것이다. 이렇게 포장된 장부를 통해 실제보다 유리한 평가를 받게 되면, 대외적으로는 자금조달을 수월하게 할 수 있고, 대내적으로는 경영자의 성과를 인정받을 수 있을 것이다.

분식회계는 크게 '오류'와 '부정'으로 나누어 설명할 수 있는데 오류(error)는 재무제표에 포함되어 있는 '고의가 아닌 잘못'을 말하며, 계산상 또는 사무적 착오, 사실의 간과 또는 잘못된 해석, 회계 정책의 오용 등을 포함한다. 여기에 비해 부정(fraud)은 경영자, 종업원, 제3자 등의 '고의적 행위'로 인하여 재무제표가 잘못 표시된 것을 말하며, 기록이나 문서의 조작·위조 및 변경, 자산의 유용, 기록이나 문서로부터 거래의 효과를 은폐 또는 누락, 가공, 거래의 기록, 회계 정책의 악용 등을 모두 포함한다.

보통 분식회계라 일컬을 때는 고의성이 없는 '오류'는 포함하지 않고, 고의적인 재무정보의 왜곡 표시인 '부정'만을 의미한다.

# 수만 노동자, 수십만 개미들의 눈물

대우 사태가 일으킨 사회적 폐해는 눈으로 보이는 분식회계 금액이 다가 아니다. 대우계열 상장기업의 시가 감소 총액은 약 3조 8,300억 원이었다. 2005년에 총 29조 7천억 원의 공적자금이 투입되었으나, 회수 규모는 정확히 추정하기 어렵다.

대우중공업은 전체 직원의 20%, 대우전자, 대우자판, 오리온전기는 전체 직원의 약 50%가 구조조정 당했으며, (주)대우는 전 직원의 62%가 직장을 떠났다. 그리고 이 사태로 피해를 본 소액주주는 약 37만 명이다. 한 개인의 잘못된 판단 덕에 수십만 명이 눈물을 흘렸다.

그렇다면 피해배상은 잘 되었는지 추적해 보는 것이 우리의 임무다.

2000년 10월 24일 대우전자 소액주주 360명은 서울지방법원에 분식회계 손해배상을 청구했고, 법원은 100억대 승소판결을 내린다. 서울고등법원은 옛 대우전자 소액주주 351명이 안진회계법인과 김우중 전 대우그룹 회장 등 대우전자 임직원을 상대로 낸 분식회계 관련 150억 원대 손해배상 청구소송에서 "피고들은 원고들에게 투자손실액의 60%를 배상하라."며 원고 일부 승소 판결을 내렸다. 소액주주들은 상고를 했는데, 대법원은 2007년 10월 원심을 깨고 사건을 서울고법으로 돌려보냈다.

■ 대우 계열사별 분식회계 금액

(단위: 조 원)

| 구 분 | 자기자본(1998년 8월) | | 실사 차이 | 분식회계금액 |
| --- | --- | --- | --- | --- |
| | 회사 제시 | 실사 | | |
| (주)대우 | 2.6 | −17.4 | 20.0 | 14.6 |
| 대우자동차 | 5.1 | −6.1 | 11.2 | 3.2 |
| 대우중공업 | 3.1 | 1.0 | 2.1 | 2.1 |
| 대우전자 | 0.7 | −3.0 | 3.7 | 2.0 |
| 대우통신 | 0.3 | −0.9 | 1.2 | 0.6 |
| 소계 | 11.8 | −26.4 | 38.2 | 22.5 |
| 기타 7사 | 2.5 | −2.2 | 4.7 | 0.4 |
| 총 계 | 14.3 | −28.6 | 42.9 | 22.9 |

− 자료출처 : 금융감독원

■ 대우 계열사의 분식회계로 볼 수 없었던 금액

| 주요 항목 | 실사기준(1998년 8월말) | 감사기준(1998년 말) |
|---|---|---|
| 관계회사 채권(3조원) | 회수 가능성 부인 | 회수가능성 인정 |
| 관계회사 주식(7조원) | 시가 또는 순자산 가액 | 원 가 법 |
| 일반채권 평가감(3조원) | 보수적 평가 | 정상평가 |
| 유형자산 평가감(1조원) | 시가 평가 | 취득원가 |
| 기 타(6조원) | - | - |

– 자료출처 : 금융감독원


# 세계경영, 세계적 돌려막기

김우중 회장의 세계경영에 대해서는 아직도 갑론을박이 많다. "DJ가 뒤통수 쳤네", "음모 세력의 공격이었네", "외환위기만 아니었으면" 등등 생각보다 우호적인 분석과 의견이 많은 것도 사실이다. 하지만 분명한 것은! 망했다는 것과 범죄를 저질렀다는 것이고, 그로 인한 피해와 피해자들이 아직도 신음하고 있다는 것이다.

예를 들어 보자. 대우그룹은 폴란드의 국영 자동차회사를 인수하면서 14억 달러를 퍼부었다. 누구나 다 아는 이야기지만 공산권 국가들의 공산품 질은 아주 많이 후지다. 지금 당신이 가지고 있는 made in china의 이미지를 떠올려보라. 자유화, 개방화된다고 기술력이 하루아침에 좋아지는 게 절대 아니다, 또한 노동자의 생산력 또한 하루아침에 바뀌지 않는다. 뒤에서 자세히 설명하겠지만 그래서 키코가 나쁜 거다! 정말 나쁜 거다! 금융의 탐욕으로 유망한 중소기업을 박살냈고 그 기업들을 떠받치고 있던 질 좋은 노동자들을 한꺼번에 길거리로 내몰았으니까.

그래서 비정규직도 나쁜 거고! 평생직장이 뭔 줄 아나? 직장이 평생 노동자의 뒤치다꺼리만 해준다는 것이 절대 아니다!! 질 좋은 노동자와 기업의 생명은 비례한다는 걸 우린 15년 야만의 시대를 살아오면서 느끼고 있는 중이다. 고용 없는 성장? 실적 압박에 의해 수시로 자행되는 구조조정으로 수치만 오르는 거다.

그게 다 노동자의 희생과 양보로 올라가는 수치라고! 생각해보시라. 성장하고 있는데 왜 내수시장이 안 살고 가계 부채가 1000조나 될까? 생각보다 간단한 논리다. 숫자로만 평가되는 세상, 사람은 그냥 쪽쪽 빨리고 버려지는 거다! 그래서 금융보다 중요한 것이 사람이라는 거다. 언더스탠드?

아무튼 다시 본론으로 돌아가보자. 지금 당신이 차가 필요하다.

같은 가격이라면 좋은 차를 살까, 후진 차를 살까? 논란의 여지가 있겠지만 같은 가격이라면 K9과 BMW5 중 뭘 택할까? 뭐, 아무리 논란이 있어도 난 베엠베다! 당신들도 그럴 거다.

 그래서 대우엔 1년에 재고가 5만 대씩 쌓였다. 14억 달러 퍼붓고 재고가 5만 대! 암담하다! 이런 식의 M&A가 주를 이루다 보니 세계경영이 세계적 돌려막기가 된 거다! 그리고 세계를 호령하는 대한민국의 자랑스러운 대기업들의 특기가 대우에서도 유감없이 발휘되었다. 뭐, 알잖아! "자국에선 비싸게, 외국에선 싸게!" 자국의 오픈베타를 통해 불량률 줄여서 외국 고객님들께 서비스 빵빵하게!!

 1999년 당시 대우그룹의 부채는 60조 원을 넘었다. 하지만 자산은 11조 원밖에 안 되었던 거다. 망할 수밖에 없었고 망하는 게 정상이었다. 단지 그 시기가 조금 늦었고 여러 가지로 의심을 받을 수 있던 상황이었을 뿐이다. 한마디로 사상누각이라는 표현이 정확하지 않을까 싶다.

# 3

# 비극은 아직 끝나지 않았다
## - 론스타 사태(2001년) -

### 돈 바쳐, 몸 바쳐, 제소 당해!

지금부터 그 이름도 유명한 론스타 사태에 대해 이야기해 보려고 한다. 론스타 펀드는 1989년 미국 댈러스에서 처음 설립된 부동산투자 전문 헤지펀드로, 아시아에서는 태국, 일본, 한국에만 투자하고 있다.

2003년 외환위기에 신음하고 있는 대한민국에 입성해 외환은행을 인수한 론스타는 하나금융에 외환은행을 매각하면서 약 5조 원을 벌었다. 이미 외환은행 자산 매각과 배당금 등을 통해 2조 원 넘게 벌어간 상태에서 말이다. 거기에 현대건설 지분까지 매각 마무리할 경우 다시 1조 2천억 원을 벌어가는 거다. 10년이 채 안 되는 동안 8조 원이 넘는 돈을 가져가는 거다.

물론 투자자 입장에서야 돈을 많이 버는 것이 장땡이지만, 그 과정이 투명하지 않았다는 게 문제다. 표에서도 볼 수 있듯 론스타가 외환은행을 인수하는 것 자체가 이미 법률적으로 위법상황이었다. 또한 배당금 자체도 문제가 있다. 2012년 3월 법원은 론스타의 의결권 행사금지 가처분 신청을 기각했지만 론스타는 2005년부터 2010년 분명히 산업자본(비금융주력자)에 해당하는 권한을 행사했다. 따라서 그 동안 론스타가 대주주로서 이사회와 주주총회에서 행사한 의결권을 당연히 무효라는 거다.

심지어 론스타는 외환은행 인수 후, 외환카드 주가조작 사건까지 저질렀다. 당연히 유죄판결을 받았지만 소액주주에 대한 보상이나 사과 따윈 없었다.

론스타에 대한 논의는 사실상 투기자본에 대한 논의와 다를 바 없다. 외환위기 이후 우리 사회에 깊숙이 침투해 있는 투기자본은 제일 먼저 금융을 통째로 집어삼켰고 금융을 중심으로 우리 사회 전체를 쥐락펴락하고 있다. 또한 그런 투기자본에 동조하여 영혼을 팔아버린 관료들이 모피아라는 이름으로 정권과 이념을 초월한 자신들만의 제국을 통치하고 있다.

민주당을 빨갱이라고 손가락질하는 새누리당이나 새누리당이 수구꼴통이라고 비난하는 민주당이나 모피아와는 절친이며 서로 자기들이 더 친하다고 또 싸운다.

현재 벨기에에 있는 론스타펀드4가 한국 대사관에 협의를 요청했고 추후 국제투자분쟁해결기구(ICSID)에 중재를 의뢰할 계획이라고 한다. 한미 FTA 덕에 급 유명해진 투자자 국가소송제도(ISD:Investor-State Dispute Settlement)를 활용할 것이란다. 아 진짜 돈 바쳐, 몸 바쳐, 이게 뭐냐고!

■ 도표로 보는 론스타 사태 생중계

| 시기 | 내용 | 해설 |
|------|------|------|
| 1998년 | 한국자산관리공사와 예금보험공사로부터 5000억 원 이상의 부실채권 매입 | 대한민국 입성! |
| 1999년 | 한국지사 설립(대표 이정환) | 제대로 한 번 해 보겠단 거지. |
| 2001년 | 스타타워 인수 | 역삼역에 그 유명한 건물, 알지? |
| 2002년 | 한빛여신전문 인수 | 마구잡이 수집 시작 |
| 2003년 | 극동건설, 외환은행 인수 | 외환 투쟁의 역사 시작 |
| 2004년 | 투기자본감시센터, 론스타의 주식취득 승인무효 소송 | 투감의 이대순 공동대표는 금융소비자 협회의 공동대표! 난 사무국장 |

| 2005년 | 론스타와 스티븐 리 등 탈세 혐의로 고발 | 검찰 수사 착수 |
|---|---|---|
| 2006년 | 2월 금융감독원이 론스타 860만 달러 외환도피 사건을 검찰에 수사 의뢰 | 뭔가 정의가 구현되는 건가? |
| | - 3월 감사원 외환은행 맥가 관련 감사 착수<br>- 스티븐 리 체포영장 발부<br>- 론스타 관련 내외국인 10여 명 출국금지 | 쎄지? 뭔가 하는 것 같지? 하지만 우린 알고 있잖아!! 시늉만 쎄게 한다는 거! |
| | 5월 론스타, 국민은행과 지분 매매 계약 | 봐봐, 할 거 다하잖아! |
| | 6월 감사원, 외환은행이 헐값으로 매각되었다는 감사 결과 발표 | 내 이럴 줄 알았다니까. |
| 2007년 | 론스타, HSBC와 외환은행 지분 매매 계약 | 감사고 뭐고 전혀 신경 안 쓰고 마이웨이 하는 중! |
| 2009년 | HSBC, 외환은행 인수 포기 | 2년 만에 손 털었다. |
| 2010년 | 4월 론스타, 외환은행 매각 절차 개시 | 구조조정, 자산매각 등으로 알맹이는 이미 홀라당 팔아먹은 상태 |
| | 11월 하나금융 론스타와 계약 | 하나은행 예금자들은 자신들의 돈이 이렇게 빠져나갈 거라곤 꿈에도 생각하지 못했을 걸! |
| 2011년 | 3월 대법원 외환카드 주가조작 사건 유죄 취지로 파기 환송 | 불법 적발! '이제 론스타 너희들은 혼날 준비해!'라고 생각하면 큰 실망할 걸! |
| | 5월 금융위 외환은행 매각 승인 유보 발표 | '역시 국가기관이야~'라고 생각하면 또 큰 실망만이…… |
| | 10월 금융위 론스타에 대주주 적격성 충족 명령 | 뭔 말이냐고? '시간 끌어줄 테니까 어서 파세요~'라는 금융위의 배려라고나 할까. |
| | 12월 하나금융 외환은행 지분 매매계약 재연장 발표(주당 1만 1,900원) | 쉽게 말해 금융위, 하나금융, 론스타의 짜고치기 한 판이라는 거지. |
| 2012년 | 1월 27일 론스타 외환은행 지분 매각 | 불법과 편법으로 점철된 론스타의 지난 14년, MB는 친히 파란 눈의 그분들께 지엄한 법의 판결이 아닌 5조 원의 차비를 추가로 손에 쥐어주셨다.<br>하지만 시민사회단체 및 노조 등의 반발에 기분이 상하셨는지 론스타는 한미FTA 체결과 함께 ISD 1호를 준비하고 계신단다. |

# 배당이라는 이름의 초강력 빨대

이왕 말이 나온 김에 은행에 있어 외국인 지분 문제가 얼마나 심각한지 알아보려고 한다.

근데 왜 은행 주식을 외국인이 가지고 있는지 궁금하지 않은가? 주식이라는 것이, 기업이 자금을 융통하기 위해 주식시장에 상장하는 거 맞지? 근데 왜 은행은 상장을 한 거냐고? 은행이 주식시장에서 자금을 융통해야 되는 이유가 뭐냐고? 그럼 그 은행에 예금을 맡긴 사람들은 뭐지? 예금주가 주주인가? 아, 우리나라 은행들은 알면 알수록 당췌 이해가 안 되는 것이야. 나만 그런가? 당신들은 이해가 되나?

지금부터 왜곡된 은행의 지배구조 문제가 얼마나 심각한지 순이익과 배당성향에 대해서 국감 자료를 주르륵 올려주겠다. 두 눈 부릅뜨고 지켜봐라. 은행들이 어떤 방법으로 당신들의 주머니에 빨대를 꽂았는지.

글로벌 금융위기라고 한다. 그런데 2008년, 2009년, 야무지게 벌지 않았는가. 그 때는 공적자금도 받았다. 뭐 하여간 잘 벌었다고 치자. 근데 저 배당이 궁금하다. 그건 하물며 현금배당하는 거다. 우리나라 은행 주식 가진 개미 주주들 몇 명이나 계심? 거의 없음! 그럼 저 배당은 누가 가져가는 걸까? 정확한 정체를 알 수 없는 사모 펀드에 가입한 사람들한테 간다. 그렇다! 국부 유출이란 단어는 여기에 써야 되는 거다. 당신 주머니로 들어가야 할 이자가 저리로 가는 거다! 심지어 당신이 지불하는 수 백 가지의 수수료도 그리로 가고 있다.

■ 국내기업 외국인 지분 현황

| 기업 | 지분 |
| --- | --- |
| 국민은행 | 64.7% |
| 하나은행 | 63.23% |
| 우리은행 | 21.06% |
| 신한은행 | 61.35% |
| 삼성전자 | 51% |
| 신한금융지주 | 61% |
| 포스코 | 51% |
| 이마트 | 62% |
| 현대차 | 44% |
| SK텔레콤 | 42% |

■ 최근 6년간 7대 은행별 당기순이익 및 주주배당

(단위 : 억 원)

| 은행 | 구분 | 06년 | 07년 | 08년 | 09년 | 10년 | 11년 | 합계 |
|---|---|---|---|---|---|---|---|---|
| 신한 | 당기순이익 | 14,311 | 20,513 | 14,467 | 7,487 | 16,484 | 15,213 | 88,475 |
| | 현금배당 | 3,011 | 4,065 | 111 | 1,497 | 4,780 | 7,400 | 20,864 |
| 우리 | 당기순이익 | 16,427 | 17,774 | 2,340 | 9,538 | 11,078 | 13,687 | 70,844 |
| | 현금배당 | 4,248 | 2,003 | 25 | 2,861 | 3,877 | 4,791 | 17,805 |
| SC | 당기순이익 | 1,546 | 2,800 | 4,069 | 4,326 | 3,224 | 2,400 | 18,365 |
| | 현금배당 | – | – | – | 2,500 | 2,000 | 2,000 | 4,002.5 |
| 하나 | 당기순이익 | 10,458 | 10,515 | 4,744 | 2,739 | 9,851 | 9,005 | 47,312 |
| | 현금배당 | 3,380 | 4,600 | – | 879 | 19,342 | – | 28,201 |
| 외환 | 당기순이익 | 10,062 | 9,609 | 7,826 | 8,917 | 10,214 | 14,552 | 61,180 |
| | 현금배당 | 6,449 | 4,514 | 806 | 3,289 | 6,997 | 9,738 | 31,793 |
| 씨티 | 당기순이익 | 3,241 | 4,681 | 4,259 | 3,113 | 3,156 | 2,753 | 21,203 |
| | 현금배당 | 655 | 917 | – | – | 1,002 | 1,299 | 3,873 |
| 국민 | 당기순이익 | 24,721 | 27,738 | 15,108 | 6,358 | 112 | 17,660 | 91,697 |
| | 현금배당 | 12,278 | 8,241 | – | 953 | – | 6,579 | 28,051 |

– 자료출처 : 민주당 김영환 의원(정무위원회) 국감 자료

금융노동자 고액 연봉이 문제란 얘기를 들어봤을 것이다. 임직원 평균 연봉이 다른 직종보다 높게 나오는 그래프도 많이 봤을 거다. 그런데 임원 빼고 직원만 보면 사정이 달라진다. 그리고 더 웃긴 건 매년 수조 원의 매출을 올리는 "상장기업"의 연봉을 동급의 대기업하고는 절대 비교하지 않는 센스도 보여주신다. 왜 그럴까?

물타기 하는 거다.

　은행권의 가장 큰 문제는 금융노동자의 연봉이 아닌 잘못된, 아주 잘~ "못된" 은행 지배구조에서 유래된 배당과 그것을 은폐시키는 꼭두각시 임원과 모피아 때문이다. 아니라고?

　그럼 옆의 배당성향 표를 한번 봐라. 놀랍지 않은가. 우리나라 은행들은 아무리 어렵고 힘들어도 배당 못해서 안달이 난 거다. 다른 상장기업에 비해 많지 않다고? 이미 말했지만, 일반적으로 우리나라 상장기업들 자체가 외국인 지분율이 아주 높다. 하지만 다른 기업들은 통상적으로 '생산'이라는 걸 한다. 그런데 은행은? 그런 거 없다는 거지. 그냥 퍼주는 거다! 당신들 주머니에서 돈 가져와서 마구잡이로 퍼주는 거란 말이다. 뭔 말이냐고? 은행의 역할은 윤활유다. 사회 구성원들이 탈 없이 잘 돌아가라고 기름칠을 쳐주는 거다. 근데 은행들이 돈 돌아가라고 기름칠은 안 하고 배당하겠다고 돈을 싹쓸이해 간다. 그리고 고스란히 외국에 갖다 바치고 있다는 거다. 그러니 내수가 살아? 돈이 돌아? 그건 원칙적으로 불가능하다! 정부가 돈을 마구잡이로 풀어도 그게 다 은행으로 간다. 그리고 그 돈은 합법적으로 외국으로 흘러간다. 당신이 뼈 빠지게 일해서 열심히 세금 내도 우리나라가 부자되는 건 불가능하다는 거다.

■ 일반은행 배당성향(05~11년, 단위 %)

| 구분 | 2005 | 2006 | 2007 | 2008 | 2009 | 2010 | 2011 |
|---|---|---|---|---|---|---|---|
| 일반은행(A) | 20 | 36.3 | 25.5 | 2.6 | 26.7 | 63.3(38.7) | 40.7(45.5) |
| 7대 시중은행 | | 37.2 | 26.0 | 17.8 | 28.2 | 70.2(42.1) | 42.3(48) |
| 상장기업(B) | 20.5 | 23.9 | 24.2 | 19.7 | 18.6 | 16.2 | 20.0 |
| A/B(배) | 0.97 | 1.52 | 1.05 | 0.16 | 1.40 | 2.06 | 2.02 |

– 자료출처 : 금감원(괄호 안은 하나은행 제외한 수치)

# 4

# '금융채무불이행자'의 탄생
## – 신용카드 대란(2003년) –


## 가계 발 금융위기의 시작

중산층 붕괴는 필히 신용불량자를 양산한다. 한때 신용불량자 수는 550만 명을 넘어섰다. 신용불량자가 매월 수만 명씩 급증하자 금융 당국은 신용불량자의 공식 집계를 포기했다. 또 '신용불량자'를 '금융채무불이행자'라는 새로운 단어로 대체하면서 신용불량자의 사회적 문제를 덮어버리는 놀라운 센스를 발휘했다. 하지만 뭐라고 부르던 2012년 현재 대한민국엔 신용불량자가 무려 270만 명에 달하며 은행을 이용하기 어려운 신용등급 7등급 이하의 금융소외자가 500여만 명에 달한다.

10년이 다 되어 가는데 변한 게 없다. 아니 파산면책, 워크아웃, 배드뱅크 등으로 약 300여만 명의 과중, 다중 채무자가 채무를 정리했으니 사실 500만여 명의 과중 채무자가 더 늘었다고 할 수 있다. IMF 이후 내수시장 살린다고 신용카드 남발하더니 이 꼴이다. 대책 세운다고 여신은 확 줄였는데, 이미 늘어난 채무자에 대한 답이 안 나오니까 대부업을 양성화한 거다.

66%짜리 서민금융을 개척한 대한민국의 잘난 1% 금융 모피아와 금융 권력들! 2003년 신용카드 대란 이후 10년도 지나지 않았지만 늘어난 금융소외자의 수만 봐도 그들이 얼마나 더러운 놈들인지 한눈에 알 수 있다. 한마디로 '신용카드 대란'은 우리나라 최초의 가계 발 금융위기이며 외환위기 이후 현재의 가계부채와 왜곡된 금융시스템의 시작을 알리는 신호탄이었다.

외환위기 이전은 흔히 말하는 은행자본주의의 시대였다. 금융사는 기업을 대상으로 여신을 확대하고 기업의 가치 평가에 주력했다. 나름 괜찮았다. 물론 지금에 비해서 말이다! 하지만 외환위기 이후에는 금융사가 수익에 집중을 하기 시작했고 개인에 대한 여신을 확대하는 등 금융사의 영업 방침 및 금융시스템 자체가 확 뒤

바뀌었다.

사실 외환위기 이전에는 신용카드 발급이 상당히 어려웠으며, 또 어렵게 발급을 받았다고 해도 현금서비스 자체가 월 70만 원으로 한도가 정해져 있었다. 정부는 개인의 여신 및 가계부채에 참으로 대응을 잘하고 있었던 것이다. 외환위기 이전에는 신용카드 그 자체가 사회적 지위를 보여주는 상징이었다. 삼성카드 CF에서는 정우성이 등장해 "당신의 능력을 보여주세요~"라며 멋지게 카드를 긁는 모습을 보여주었다. BC카드는 김정은이 나와 "빚(BC)으로 사세요~", "부자 되세요~"라며 외쳐댔을 정도니까.

그런데 1998년 하반기부터 초광속으로 규제가 완화되었다. 신용카드 발급 제한 사실상 철폐 등 모든 게 빠르게 변하기 시작했다. 학생도 쉽게 신용카드를 발급받을 수 있었다. 신용카드 대란 이후 신용카드 문제가 초미의 관심사가 되었을 당시에 미성년자에게 발급되었던 신용카드의 채무를 면책해야 한다는 소송이 있었을 만큼 사실상 사람이라면 누구나 다 신용카드 발급이 가능했다!!

외환위기 이후 우리나라는 규제 완화, 자유화, 시장 활성화에 초점이 맞춰져 있었다. 침체된 경제를 살리기 위해서는 내수시장 살리기가 제일 쉬운 방법이었고 그를 위해서는 소비를 일으켜야 했다. 그리고 우린 넘치는 카드 빚을 통해 IMF를 단시간 안에 졸업

할 수 있었던 것이다. 누구냐? 금 모으기 운동, 대기업의 수출 확대 등으로 IMF를 극복할 수 있었다고 짖어대는 멍멍이들은…….

■ 신용카드사의 초광속 규제 완화와 해설

| 구분 | 내용 | 해설 |
|---|---|---|
| 1999년 2월 | 신용카드사를 포함한 여신전문금융회사의 사채 발행 한도를 자기자본의 10배까지 확대 | 2002년 말 전업 카드사들의 레버리지 비율(총자산/자기자본)은 11.4배! 당시 미국의 전업카드사에 비해 7배나 높았다! |
| | 카드사 현금대출 비중 50% 제한 폐지 | 현금대출 제한의 이유는 투명한 신용 판매! 그러나 결국엔 고리대금업에 충실하도록 제한 폐지! |
| 1999년 5월 | 현금서비스 한도(70만원) 완전 폐지 카드발급기준 대폭 완화 | 신용카드는 사람이면 누구나 발급받을 수 있고, ATM기와 카드 한 장만 있으면 간단히 1,000만 원을 대출받을 수 있는 상황 발생, 물론 고이자! |
| 1999년 8월 | 신용카드 사용 시 소득공제 혜택 | 몇 백만 원 소득공제해주는 것처럼 떠들었지만 실제 혜택은 기껏해야 몇 만 원에서 몇 십만 원! 그나마 혜택받은 사람은 거의 없다. 1억 대출받고, 몇 십만 원이라도 세금혜택받아 본 사람 있으면 나와 보라고 해라! 순진한 국민들은 그것이 눈속임 정책이었음을 꿈에도 몰랐다. |
| 2000년 1월 | 신용카드 복권제도 | KBS '행운의 신용카드' 방송 시작! 아~, 정부가 나서서 공영방송을 이용해 빚을 지라고 세뇌하네. 휴~~ |

# 알면 눈물 나는 '금 모으기 운동'

금 모으기 운동으로 IMF를 극복했다고 떠들어대는 멍충이들을 위해 금 모으기 운동을 정리하고 넘어가자. 1998년 당시 모인 금은 총 227톤으로 약 2조 5천 억 원(약 21억 3천 달러)에 이른다. 전국적으로 351만여 명, 4가구당 1가구 꼴로 참여했으며 가구당 평균 65그램을 모았다.

그런데 웬일인지 수출을 도맡은 재벌그룹의 7대 종합상사들은 뭐가 급한지 한꺼번에 금을 팔아대기 시작한다. 물량이 쏟아지자 국내 제련업체들에 과부하가 걸렸고, 국제공인조차 받지 못한 상태로 헐값에 미친 듯이, 정말 미친 듯이 몰아서 팔아 버린다. 당시에 국내에서 세공을 하여 수출했다면 30% 이상 가격을 더 받을 수 있었을 거다. 당시 국제 시세는 온스(약 30g)당 290~300달러 정도였다. 즉 수집된 금의 20%라도 세공을 거쳐 수출했다면 2억~3억 달러는 더 벌 수 있다는 계산이 나온다.

어때, 어이가 없지 않는가? 국내의 금이 싸그리 수출되자 국내 중소 세공업체의 80%가 휴·폐업 상태가 되었고 2만여 명의 귀금속 기술자 중 50% 이상이 일자리를 잃게 되었다. 국민의 눈물이 담긴

2백 톤이 넘는 금은 그렇게 속절없이 외국으로 흘러들어갔다. 말 그대로 국부 유출! 심지어 금모으기 운동에 동참한 국민들은 그 금값마저도 제대로 받지 못했다. 종합상사들이 금을 모으면서 2~3% 낮게 금액을 책정했기 때문이다. 그 이유가 유통 비용 때문이라는데, 차라리 벼룩의 간을 빼먹어라! 하여간 그렇게 빼먹은 비용을 환산하면 무려 5백~6백억 원이 된다.

그런데 여기서부터 뭔가 수상한 점이 발견된다. 금 수출업무를 맡은 재벌그룹 종합상사들이 금 수입을 병행한다는 사실이다. 그것도 자신들이 금을 수출한 해외업체로부터 수출 가격보다 0.5% 정도 높은 값으로 말이다. 당시 7대 종합상사가 수입한 금은 약 10억 달러에 이른다. 이건 뭘까? 더 받을 수도 있는데 마구잡이로 헐값에 넘기고, 뒤로 가격을 올려서 수입해 오는 건······.

2008년 검찰은 아주 놀라운 발표를 한다. 물론 그 사이에 많은 사람들이 의문을 제시하고 문제를 삼고 있었긴 하지만 말이다. 뭐 하여간 검찰의 발표를 보자. 검찰 왈~(멍멍이 왈왈이 아니다. 曰이다.) 정부는 IMF 금 모으기 운동 이후 금을 수출하면 부가세를 돌려주는 혜택을 줬는데 재벌 기업과 금 도매상들이 이 제도를 악용해 무려 2조 원대의 세금을 빼먹었단다. 그래서 대기업 담당자 10여 명과 금 도매상 등 118명을 기소해 재판이 진행 중이며 41명은 이미 실형을 선고받아 벌금 액수만 2조 4천억 원에 이른다고 했다.

또 국세청은 검찰로부터 이들 부정환급 자료를 넘겨받아 과세하고 은행들에게는 손해배상 청구소송을 냈다고도 했다.

허허허~~ 우린 그냥 웃을 일이 너무 많다. 이건 영화도 코미디도 아니고 실제상황이다. 2조 5천억 원어치 금을 모아줬더니 중간에 유통 비용이라고 5백~6백억 원 빼먹고, 또 농간을 부려 2조 원을 빼먹은 거다. 이놈들이 싸게 팔고 비싸게 수입하는 뻘짓을 한 이유가 뭔지 아는가?

여러 도매업체를 끼고 수출용 금을 국내에서 팔 것처럼 꾸민 뒤 정작 부가세를 낼 업체는 폐업시키고 다시 수출한다고 신고해, 내지도 않는 부가세를 환급받은 것이다. 한마디로 유령업체 세우고 장난질 친 거다. LG, SK, 한화, 삼성물산 등 대기업 7곳이 이런 식으로 해먹었다. 당시 그 일을 담당했던 직원들은 실적을 올린 공로로 대부분 승진하거나 해외발령을 받았다. 물론 그들 대부분은 구속기소되었으나, 공소시효가 3년인 기업은 그 기간이 만료되어 사법처리를 못한다고 했다. 그럼 그렇지~~ 언제나 몸통은 살아남고 깃털만······.

그 후의 진행 상황은 알아서들 찾아보자! 가끔 검색도 하고 그래야 세상이 얼마나 미쳐 돌아가는지를 알 수 있다. 신문을 볼 때도 생각을 하고 봐라. 지금까지 당신과 당신 가족의 돈을 얼마나 많이 빼앗긴 줄 아는가! 금 모으기 운동은 사실상 국민들의 순수한 자발적 운동이었으며, 실제 손해를 입었음에도 큰 불만을 가지지도 않았다. 참말로 착한 국민들이다.

그러나 금 모으기가 외환위기를 극복할 만큼은 되지 않았다. 사실 중간에 빼먹은 것도 많았고…… 다시 말하지만 외환위기 극복의 최고 공신은 신용카드였다. 우리는 그저 고이 간직했던 금을 떨이에 넘겨주고 빚까지 만들어서 대기업과 금융사 배만 불려줬다. 거기에 세금까지 꼬박꼬박 쟁여줘서 공적자금까지 퍼줬으니, 뭐 헛웃음만…….

## 공적자금은 얼마나 회수되었을까

밑 빠진 독에 물 붓듯 끝도 없이 들어가는 공적자금을 이해하기 위해서는 금융위 산하 공자위(공적자금관리위원회)를 주목해 봐야 한다. 공자위는 총 168조 6천억 원의 공적자금을 투입했으며 102조 2,000억 원을 회수했다. 회수율을 따져보면 60.6%다.

■ 공적자금 관리체계 변천

| 구분 | | 내용 | 기간 |
|---|---|---|---|
| 공자위 설립 이전 | | 외환위기 직후인 1997년부터 2000년 말까지 국회 동의를 받아 1차로 조성된 64조 원의 채권발행자금 등을 통해 1단계 금융 구조조정을 수행한 시기 | 1997년 ~ 2000년 말 |
| 제1기 공자위 | 상환대책 마련 이전 | 2001년 초부터 2002년 말까지 대우그룹 사태로 인해 다시 부실화된 금융기관의 정상화를 위해 2차로 40조 원을 조성하고 2단계 금융 구조조정 추진 | 2001년 초 ~ 2002년 말 |
| 제1기 공자위 | 상환대책 마련 이후 | - 공적자금 상환대책 마련(2002. 9)<br>- 공적자금 투입으로 금융기관이 정상화됨에 따라 은행을 중심으로 민영화가 본격적으로 추진되고, 보유주식 등의 매각가격 상승으로 공적자금 회수가 크게 증가 | 2003년~ 2008년 2월 |
| 공자위 부재기 | | 2008년 2월 정부조직 개편 등으로 공적자금 관리업무가 재정경제부에서 금융위원회로 이관되고, 공적자금의 관리/운영을 담당해왔던 공적자금관리위원회를 폐지 | 2008년 3월~ 2009년 7월 |
| 제2기 공자위 | | -글로벌 금융위기에 대응하여 금융기관 부실정리를 위한 구조조정기금과 금융기관 자본확충을 위한 금융안정기금 설치<br>-해당 공적자금을 투명하고 효율적으로 통합관리하기 위해 공적자금관리위원회 재설치 | 2009년 8월 ~ 현재 |

■ 공적자금 투입처 및 회수율

| | |
|---|---|
| • 은행 - 86조 9천억 원<br>• 증권.투자회사 - 21조 9천억 원<br>• 신협 - 5조 원<br>• 기타 - 2조 4천억 원 | • 종합금융회사 - 22조 8천억 원<br>• 보험 - 21조 2천억 원<br>• 저축은행 - 8조 5천억 원 |
| 합계 168조 6천억 원 | 회수 102조 2천억 원 |

■ 은행의 공적자금 상환 현황

| 구분 | 2011년 상반기 순이익 | 공적자금 | 상환 |
|---|---|---|---|
| 국민은행 | 1조 5749억 원 | 1조 원 | 4000억 원 |
| 우리은행 | 1조 2939억 원 | 1조 3000억 원 | 6000억 원 |
| 하나은행 | 8716억 원 | 4000억 원 | 1000억 원 |
| 농협 | 3499억 원 | 7500억 원 | 0원 |

## 외환위기 Before & After

외환위기 이전에는 높은 저축금리와 낮은 대출금리로 은행의 수익은 낮았을지 모른다. 낮았다는 것은 물론 지금보다 그렇다는 거다. 상대적으로 수익이 낮았지만 충분히 넉넉하게 벌고 있었다. 사실 10조 원을 버나 2조 원을 버나, 많이 번다는 사실에는 변함이 없다. 그런데 이상한 것은 10조 원 벌 때보다 2조 원 벌었을 때가 은행 노동자가 살기는 더 좋았다는 것이다. 이게 도대체 무슨 뜻일까?

지금 은행이 벌어들이는 수익의 대부분이 내 돈, 내 공동체의 돈, 내 회사의 돈이라는 거다. 물론 10조 원, 2조 원은 예일 뿐! 많은 사람들이 열심히 저축했고 적금을 최고의 재테크로 꼽았다. 지금처럼 겁나게 많은 상품으로 소비자를 현혹하지도 않았다. 수익률 역시 그 때가 훨씬 좋았다. 하여간 이자제한법 폐지 등의 나쁜, 너무 나쁜 금융정책으로 인해 신용카드사들은 발 빠르게 25% 이하이던 금리를 대폭 올리기 시작했고, 조달금리가 낮았음에도 불구하고 금융사들은 하나같이 손잡고 대출금리를 올리기 시작했다. 금융사는 벌기 시작하고 소비자는 죽어나기 시작한 것이다.

외환위기 이후 평생직장의 개념 자체가 사라지면서 가계의 안정적인 소득원이 불투명해지기 시작했다. 노동 유연성을 높여야 한다는 정책들과 기업 문화가 팽배했다. 소비 구조는 노동을 통한 것이 아닌 신용카드 등의 여신으로 대체되면서 가계 저축은 줄고 부채는 늘어나는, 채무상환 능력이 점점 떨어지는 구조로 변화하게 된다. 또한 2000년 전후의 벤처 열풍도 사회 분위기 변화에 일조하면서 청년층을 사회적 안전망 없는 정글의 세계로 떠밀다시피 했다. 기본적인 소비 구조가 신용카드로 정착됨과 동시에 2001년 이후 벤처 거품이 꺼지자 청년층에서 대규모 부실이 발생하게 된 거다.

신용카드사들은 이런 좋은 환경 속에서 어마어마한 매출 성장을 이루었고 2002년 말 신용카드 결제 비중은 전체 소비의 75.2%를 차지하게 된다. 또한 현금서비스 사용의 폭증으로 신용카드사의 부실도 덩달아 커지게 되었다. 카드 한 장만 만들어주면 연 20%대의 높은 수익을 기대할 수 있으니 카드사는 앉아서 돈방석에 올랐지만 언제 터질지 모르는 시한폭탄의 뇌관은 이미 불이 붙은 상태였다. 2002년 말 신용카드 대출 잔액은 60조 원으로 4년 만에 무려 6배나 팽창했다. 신용카드가 결제 수단이 아닌 대출 수단이 되어버린 거다.

## 업계 1위 LG카드의 손 털기 작전

1998년 말 우리나라 은행의 총 자산 중 가계대출 비중은 11%에 불과했다. 하지만 금융사는 외환위기 이후 어려운 기업대출보다 손쉽고 리스크 적은 가계대출로 전환을 하며 연간 50% 이상의 폭발적 성장을 하였다. 규제 완화, 금리인하, 고용구조 변화 등의 사회적 대변혁기에 금융소비자인 국민은 모두가 아끼고 줄이고 희생하고 양보하며 악착같이 버텼다. 그런데 그 틈을 노린 탐욕스런 금융사는 2002년 신용카드 1억장 돌파, 이용실적 670조 원이라는 대기록을 세우며 급속하게 팽창했다.

길거리 모집, 미성년자 대상 발급 등 무분별한 카드 발급과 부당 모집행위를 지켜보던 정부는 신용카드사들의 과열경쟁이 사회문제가 되자 슬그머니 규제 대책을 추진한다. 2002년 5월 현금서비스와 카드론 등 신용카드사의 대출 비중을 전체 자산의 50% 이하로 제한하는 내용이 포함된 신용카드 종합대책을 발표하였으며, 2003년 1월 대손 충당금 적립 기준 강화, 부실채권 조기상각 등 자본 건전성을 강화하는 조치를 취한다.

하지만 이런 정부의 정책은 이미 '돌려막기'가 횡행했던 당시 상황에 먹히지 않았던 거다. 신용불량자(현 금융채무불이행자)는 순식간에 400여만 명으로 늘어나게 된다. 참고로 2003년 말 신용카드 관련 신용불량자수는 240여만 명이었다.

외환위기 전 신용불량자는 블랙코드라고 불렸고, 그 수는 100만 명 이하였지만 외환위기를 겪으면서 2배 이상 증가되었다. 1962년에 제정되었던 파산법은 사실상 사법(死法)화되어 있었는데, 이 당시에 대한민국 최초의 파산자가 나타났다. 당시에는 파산 자체가 센세이션이었다. 그 주인공은 여성지나 TV 등 여기저기에 많이 불려 다녔다.

그리고 금융 규제 완화 이후 현실적 대안 없는 갑작스런 규제로 2002년 3분기부터 2003년 4분기까지 단기간에 150만 명 이상의 신용불량자가 만들어졌다. 2003년 한 해 동안만 무려 120만 명이 늘어난 것이다. 한 달에 10만 명, 하루에 3,333명이다. 그런데 더 큰 문제는 급속도로 늘어난 신용불량자의 대다수가 1천만 원 미만의 소액 채무자와 20대 청년층이었다는 것이다.

당연하게도 2002년 하반기 이후 적자로 전환된 신용카드사들은 2003년에는 무려 10조 원의 적자를 기록한다. 이건 뭐, 완전히 도그 테이블이 된 것이다. 업계 1위였던 LG카드는 현금서비스를 중단하는 사태까지 겪었고, 돌려막기의 피해자들도 다시 늘어나기 시작했다. 결국 업계 1위 LG카드는 부도와 함께 역사의 뒤안길로 사라졌는데, 지금의 신한카드가 인수해서 한때 아시아 최대의 신용카드 어쩌고 했다는 웃지 못할 일도 있었다! 아무튼 당시 LG 카드의 대주주였던 구씨 일가는 LG카드 부도 직전에 자신들의 지분을 전부 팔아버렸다! 싹그리, 몽땅, 다~~ 소액주주와 회원들의 피해 따위는 당연히 안중에도 없다! 구씨 일가가 신뢰 경영을 한다고? 한마디로 개그다!

# MB보다 금융

우리나라 최초의 가계 발 금융위기인 신용카드 대란은 국가적
대란인 외환위기를 쉽게 넘기기 위한 정부의 꼼수와 금융사들의
탐욕이 함께 맞물려 이루어진 참극이었고, 아직도 200여만 명이
넘는 신용불량자와 300여만 명이 넘는 특수기록코드(신용등급 파산
면책 1201 등으로 분류)자를 남긴 엄청난 사건이다.

그런데 정말 어이없는 건 뭔지 아는가? 수백만 신용불량자들의
눈물로 국가의 위기를 넘기고, 그들의 소비와 공적자금 덕에 간신
히 살아난 기업과 금융사들은, 마치 자신들이 잘해서 모든 문제를
극복한 것 마냥 채권자의 지위를 남발하고 있다는 것이다. 그 많은
사람들이 고금리의 빚을 갚고 심지어 혈세까지 보태줬는 데도 말
이다.

그런 금융사들은 신용카드 문제가 해결되자마자 미친 듯이 주택
담보대출 시장으로 옮겨갔다. 2012년 1,000조 원 가계부채 시대의
주역인 담보대출 시장을 활짝 꽃피워 놓은 것이다. 나는 대한민국
금융의 존재 이유를 도통 알 수가 없다. 금융사의 수익이 매년 갱
신될 때마다 노동자의 실질 급여는 매년 하락했다. 또 서글프게도
이혼율, 자살률은 덩달아 갱신됐다.

우리 사회의 가장 큰 문제는 신뢰, 교육, 집, 직장, 정치, 기업, 범

죄, 검찰도 아니고 MB도 아닌······ 금융이라고 난 믿어 의심치 않는다.

■ 신용카드 대란 총정리

* 1차 카드 대란 VS 지금의 신용카드 시장

| 구분 | 2003년 | 2010년 |
| --- | --- | --- |
| 전업카드사 수 | 8개 | 6개 |
| 카드자산 | 77조 3,000억원 | 75조 6,000억원 |
| 카드이용액 | 517조 3,000억원 | 517조 4,000억원 |
| 연체율 | 28.3% | 1.68% |

* 신용카드 발급 장수 및 1인당 신용카드 수

| 1999년 | 2002년 | 2010년 |
| --- | --- | --- |
| 4000만장(1.8장) | 1억장(4.6장) | 1억 2천만 장(4.7장) |

* 신용카드 이용금액 추이 및 국민총소득대비 신용카드 사용 비중

| 2002년 | 2006년 | 2010년 |
| --- | --- | --- |
| 257조 142억 원(36.8%) | 221조 680억 원(30%) | 389조 4290억 원(34.9%) |

* 카드론 및 현금서비스 사용액

| 2002년 | 2006년 | 2010년 |
| --- | --- | --- |
| 28조 (101조) | 9조 (12조 1천억 원) | 17조 (12조 5,000억 원) |

# 5

# 미국도 망할 수 있다
## - 서브프라임 사태(2008년) -


## 월스트리트 연쇄부도 사건

2000년대 들어서도 지속되는 저금리 기조와 사실상 사라진 금융 규제 덕에 금융사들은 온갖 금융기법으로 무장한 채 신규 수익원인 부동산 시장으로 몰려들었다. 그와 함께 부동산 호황이 시작되었고, 부동산도 한류가 있는지 미국에서도 공격적인 투기가 들불처럼 일어났다. 또한 자산유동화증권(ABS-Asset Backed Securities, 부동산, 매출채권, 유가증권 등과 같은 유동화자산을 기초로 하여 발생된 증권을 의미함, ABS는 최초 부동산 자산에 유동성을 부여하기 위해 태어났지만 최근에는 선박, 금, 실물자산과 같이 유동화의 대상이 되는 모든 자산을 포함) 등의 금융상품 시장의 발달에 힘입어 저소득층도 집을 쉽게 살수 있는 비우량 주택담보대출인 서브프라임 모기지 대출이 활성화된다.

끝이 없을 것 같던 부동산 시장의 호황은 2006년 하반기부터 제동이 걸리기 시작하더니 2007년에 들어서는 주택 시장에 한파가 불어 닥쳤다. 당연히 주택 가격은 하락하기 시작했고 서브프라임 모기지 대출의 부실은 눈덩이처럼 불어났다. 이런 부실은 압류와 경매로 이어지게 되고, 그 결과 모기지 대출에 대한 감독 및 심사 기준이 강화된다. 이후 신규 모기지 대출에 대한 감소 등 악순환이 시작되면서 부동산 시장이 급격하게 위축되고 가격 하락은 더욱 가속화된 것이다.

잠깐, 지금 내가 우리나라 이야기를 하는 줄 알고 있나? 아니다. 이건 미국 이야기다. 근데 마치 지금의 우리나라 부동산 시장을 보는 것 같지 않나? 아님 말구!

■ 미국 내 서브프라임 모기지 사태의 경과

| 구분 | 내용 |
|---|---|
| 2006년 하반기 | - 주택경기 성장세 둔화<br>- 서브프라임 모기지 대출 연체율 상승<br>- 2006년 말 연체율 13%대<br>- 소규모 모기지 대출업체 파산 속출 |
| 2007년 2월 | HSBC의 2006년 모기지 사업 관련 106억 달러 손실 |
| 2007년 3월 | - New Century Financial(미국 2위 모기지 대출업체)의 신규 대출 및 환매 중단 발표<br>- 서브프라임 부실 문제가 수면 위로 부상 |
| 2007년 6월 | Bear Stearns가 운영하던 2개 헤지펀드가 서브프라임 모기지 투자 손실로 파산할 것이라는 보도 |
| 2007년 7월 | - Countrywide Financial(모기지 대출 최대 업체)의 실적부진 발표<br>- 미국, 유럽의 IB와 헤지펀드 등 다양한 금융사들의 투자손실 속속 발표 |
| 2007년 8월 | BNP Paribas(프랑스계 투자은행) 소속 3개 헤지펀드에 대한 환매 중단 발표 |
| 2007년 9월 | Northern Rock(영국 5위 모기지 은행) 파산 위기 |
| 2007년 10월 | - S&P, 220억 달러 규모의 MBS 신용등급 하향 조정<br>- 서브프라임 관련 자산유동화증권 신용등급 하향 본격화<br>- 서브프라임 모기지 관련 금융사들의 손실 급증 |
| 2007년 10월 이후 | - Citi group, Merrill Lynch, UBS 등 글로벌 IB들의 연이은 대손상각과 대규모 분기 손실 발표로 신용경색이 급격히 확산<br>- 실물경제에 악영향 확산으로 4/4분기 미국 경기침체 가능성이 크게 높아짐<br>- 서브프라임 모기지 사태가 본격적인 금융위기로 비화 |
| 2008년 3월 | Bear Stearns(미국 5위 투자은행) 파산 위기 |

■ 서브프라임 모기지 사태 관련 미국 정부의 대응

| 구분 | 시기 | 정책내용 |
|------|------|---------|
| 대출자 지원책 | 07.12 | – FHA 보증 모기지로 전환 및 모기지 대출금리 동결<br>– 우량 차입자에 대한 연방주택청 보증 모기지로 리파이낸싱<br>– 보증요건 미충족자는 향후 5년간 ARM 금리 동결<br>– 정부보증대출기관 모기지 보증 및 인수 한도 확대<br>– 부채경감분에 대한 세제 혜택 및 파산법 개정 추진 |
|  | 08.2 | – BOA 등 6개 모기지 은행 주택차압 30일 연장 협의(Project Life Line)<br>– FGA 대출한도 및 정부보증대출기관 대출한도 확대 |
| 유동성지원 | 07.8 | – 재할인 금리 인하 및 재할인 대상 확대<br>– 공개시장조작을 통해 1,000억 달러 이상의 단기유동성 공급 |
|  | 07.12 | FAT 방식을 통해 2회에 걸쳐 400억 달러의 단기 유동성 공급 |
|  | 08.1 | FAT 방식을 통해 2회에 걸쳐 600억 달러의 단기 유동성 공급 |
|  | 08.2 | FAT 방식을 통해 2회에 걸쳐 600억 달러의 단기 유동성 공급 |
|  | 08.3 | – TAF 방식을 통해 2회에 걸쳐 1,000억 달러의 단기 유동성 공급<br>– TSLF(3.11) 및 PDCE(3.17) 도입 발표<br>– TSLF 방식을 통해 750억 달러의 단기 유동성 공급<br>– JP Morgan, Bear Stearns 인수자금 290억 달러 지원 |
|  | 08.4 | TAF 방식을 통해 2회에 걸쳐 1,000억 달러의 단기유동성 공급 |
|  | 08.5 | – TAF 방식을 통해 2회에 걸쳐 1,400억 달러의 단기유동성 공급<br>– TSLF 방식을 통해 4회에 걸쳐 1,060억 달러의 단기유동성 공급 |
| 기준금리 인하<br>(총 3.25%) | 07 | 9월, 10월, 12월 3차례 FOMC에서 100bp 인하(5.25%→4.25%) |
|  | 08 | 1월(2회), 3월, 4월 4차례 FOMC에서 225bp 인하(4.25%→2.0%) |

# 남의 집 불구경이 아닌 이유

금융의 탐욕이 어디까지 갈 수 있는지를 보여준 미국의 서브프라임 모기지 사태는 천문학적인 혈세가 투입되었음에도 아직도 해결이 되지 않고 있다. 또한 금융사 임직원들은 자신들의 과오는 전혀 돌아보지 않고 들어오는 혈세를 바라보며 연말에 온갖 인센티브로 생색을 내면서 돈잔치를 벌였다. 그러다 결국 금융사들은 전 세계를 휩쓴 Occupy 운동으로 제대로 한 방 맞게 된다. 뭐, 금융사들이 하루아침에 변할 리는 만무하다. 그러나 신자유주의와 금융 자본주의에 대한 반성은 이미 시작되었다는 거! 서브프라임 모기지는 엄청난 댓가를 지불하고 "소비자를 위한, 소비자에 의한, 소비자의 자본주의"가 왜 필요한지 알게 해주었다.

서브프라임 모기지에 관해서는 아주 많은 자료와 자세한 정보들이 넘친다. 여기서는 그냥 짚어만 주고 갈 거다. 우리나라 얘기하기도 급한데 이렇게 짚어주는 이유는 미국 서민들의 작은 꿈을 악용한 금융세력들의 꼼수가 어떻게 전 세계로 파급되는지를 보여주고, 또 그들이 우리나라 금융세력들과 전혀 다르지 않다는 걸 말하고 싶은 거다!

명심해라! 서브프라임 모기지를 통해 1조 달러 가까운 돈이 들어갔음에도 아직 해결되지 않았다는 것과 그 1조 달러의 혈세가 그대로 월스트리트로 가서 증발해 버렸다는 것! 1조 달러라면 환율 천 원으로 계산해도 천조 원이다! 대한민국 1년 예산이 약 300조 원, 도대체 얼마라는 거냐…….

오래전 서울에서는 눈 감으면 코 베어간다는 얘기가 있었다. 2012년 금융이 그러고 있다!

당신들 돈을 지키고 싶으면 제발 소비자의 권리를 이야기해라! 우리에겐 소비자의 권리장전이 필요하다!

# 6

# 누가 우량 중소기업을 울렸나
## - KIKO 사태(2008년) -

## 키코가 뭐길래

키코, 고양이 이름 같기도 하고 조기축구회 이름 같기도 하다. 그런데 이 키코가 여러 중소기업을 울렸다는 사실을 우리는 꼭 기억해야 한다. 키코는 Knock In, Knock Out의 약자로 환헷지 상품이다. 슬슬 어려워지지? 지금부터 잘 따라와야 한다. 환헷지 상품이란 환율이 오르내릴 때 그 위험성을 없애주는 일종의 보험 상품과도 같다. 그 좋은 상품이 왜 중소기업들을 도산시켰는지 지금부터 예를 들어 잘 설명해주겠다.

A라는 기업이 1달러짜리 볼펜 10개를 수출했다. 환율을 1,000원으로 계산하면 총 10,000원의 매출을 올린 것이다. 그런데 볼펜을 수입해간 회사가 돈을 한 달 뒤에 달러로 준다고 생각해 보자. 그 동안 환율이 900원으로 내려가면 A기업은 천원이 손해고 1,100원이 되면 1,000원이 이익이다. 환율 등락이 불안했던 A기업은 은행에 가서 키코 상품에 가입한다. 환율 900원~1,100원을 범위로 환헷지 계약을 한 것이다. A기업은 과연 생각했던 대로 이익을 보았을까?

우선 환율이 900원이 되었다고 가정해보자.

키코 가입을 안 했다면 환차손 100원씩 총 1,000원의 손실을 봐야 하지만 키코 상품으로 인해 50원의 환차손을 보전받는다. 괜찮다.

다음으로 환율이 1,100원이 되었다면 어떻게 될까? 키코 가입을 안했다면 100원씩, 총 1,000원의 이익을 봤겠지만, 키코 상품에 가입했으므로 환율이 1,000원일 때와 똑같다.

환율이 800원으로 폭락했다고 치자.

A기업은 총 2,000원의 환차손이 생기지만, 키코는 전혀 손해액을 보전해주지 않는다. 계약 당시 환율범위(900~1,100원)를 벗어나 계약이 무효가 되었기 때문이다.

이번엔 환율이 1,300원으로 폭등했다고 가정해 보자.

과연 3,000원의 달콤한 환차익을 맛보았을까? 천만의 말씀이다. A기업이 가입한 키코 상품은 수주금액 범위를 벗어나면 두세 배로 달러를 팔도록 설계된 '레버리지 키코'였던 것이다. A기업은 환율이 올라 환차익 3,000원을 벌었지만 은행에다가 30달러(계약금액 10달러의 3배)를 900원의 가격에 팔아야 한다는 거다. 어려운가? 자세히 설명해주지.

일단 지금 환율이 1,300원이니 39,000원을 주고 30달러를 구해와야 한다. 그리고 그 30달러를 900원씩, 그러니까 27,000원에 은행에 팔아야 한다. 환차익 3,000원에 웃다가, 졸지에 12,000원의 빚이 생긴 것이다.

정리하자면 레버리지 키코는 일정 선 이하로 환율이 떨어지면 환헷지할 권리가 사라지고, 일정선 이상 오르면 2~3배 물어줘야 한다는 거다. 정부는 선진금융 운운하며 많은 중소기업들에게 키코 상품 가입을 유도했다. 은행들은 환율 하락만을 강조하며 "키코는 비용이 들지 않는 우수한 환헤지 상품"이라며 판촉활동에 열을 올렸다. 결국 환율이 오를수록 회사들의 손실액은 불어났고, 우량기업들이 흑자부도 나는 사태가 벌어졌다. 이쯤 되면 강만수와 MB정권의 고집스러운 고환율 정책이 떠오를 것이다. 아니 떠올라야

■ 키코의 본질 – 키코 손익 그래프

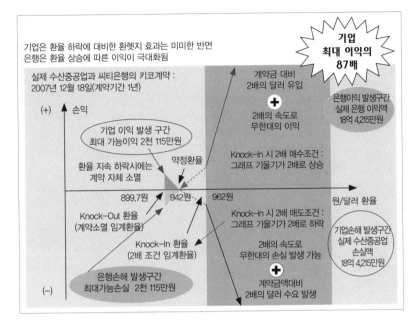

기업은 환율 하락에 대비한 환헷지 효과는 미미한 반면
은행은 환율 상승에 따른 이익이 극대화됨

실제 수산중공업과 씨티은행의 키코계약 :
2007년 12월 18일(계약기간 1년)

(+) 손익

기업 이익 발생 구간
최대 가능이익 2천 115만원

환율 지속 하락시에는
계약 자체 소멸

약정환율

899.7원   942원   962원                        원/달러 환율

Knock-Out 환율
(계약소멸 임계환율)

Knock-In 환율
(2배 조건 임계환율)

은행손해 발생구간
최대가능손실 2천 115만원

(−)

계약금 대비
2배의 달러 유입

➕

2배의 속도로
무한대의 이익

Knock-In 시 2배 매수조건 :
그래프 기울기가 2배로 상승

Knock-In 시 2배 매도조건 :
그래프 기울기가 2배로 하락

2배의 속도로
무한대의 손실 발생 가능

➕

계약금액대비
2배의 달러 수요 발생

기업
최대 이익의
87배

은행이익 발생구간
실제 은행 이익액
18억 4,215만원

기업손해 발생구간
실제 수산중공업
손실액
18억 4,215만원

한다. 더 길게는 말하지 않겠다!

요즘 들어 정부에서 히든 챔피언 3,000개를 육성한다고 한다. 은
행들은 기업이 살아야 일자리가 늘어난다고 한다. 뭐, 좋다. 다 맞
는 말이니까. 대한민국이 다 잘 먹고 잘 살려면 히든 챔피언 3,000
개 육성해서 세계 시장에서 경쟁하게 하고, 기업을 살려 일자리 늘
어나게 해야 하는 것이 맞다. 하지만 금융의 탐욕으로 박살 난 기
업들은 왜 모른 척 하는 걸까?

우량 중소기업 700개를 망쳐버린 키코 사태도 해결 못 하면서, 무슨 히든 챔피언을 육성해? 왜, 크면 또 잡아 드시려고?


〈키코 피해 중소기업 현황〉

* 2010년 정부 발표 : 키코 피해기업 738개사 / 3.2조원 손실

* 키코 피해 공대위 회원사 기준 : 242개사 / 2.2조원 손실

* 2008년부터 지금까지 4년 동안 은행을 상대로 키코 민사소송을
  진행해오면서 부도, 파산 : 20개사

* 경영권 박탈, 법정관리, 워크아웃 : 23개사

* 소송 취하, 포기 : 71개사

* 현재 소송 진행 중인 기업 : 133개사(55%)


■ 키코 판매 은행 현황

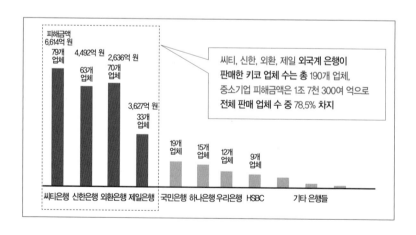

■ 은행들의 불완전한 키코 판매 현황

| 구분 | 상세내용 |
|---|---|
| KIKO 위험성 알면서 판매 | 시중은행들이 2007년 상반기 비공개 임원급 회의에서 환헷지 권장목록에서 키코가 수출기업에 너무 위험하다고 판단해 이를 제외하고서도, 키코 판촉은 계속하였음<br>(국민일보 2009. 4. 8 "은행권 키코 위험성 알면서도 팔았다.") |
| 정무위 공청회에서 KIKO 판매행태 문제점 지적 | 06년 1월부터 07년 9월까지 6개 시중은행 임원 등이 중소기업 (2,453개)을 대상으로 KIKO 가입 권유 위해 10,800번 방문(업체당 4.4회, 키코 공청회시 민주당 김동철 의원 발표 자료) |
| 은행의 대출 연장 거부/ 끼워팔기 등 지점장을 비롯한 강매행위 | 주거래 은행의 지점장 및 부지점장이 기업을 방문하여 중소기업에 대한 우월적 지위를 이용하여 키코 가입을 강력히 요청함 → 반드시 환율이 하락할 것이며 지금 당장 가입하지 않으면 손해를 볼 것이라며 각종 회유 및 압력을 행사하며 가입을 유도 |
| 금융 당국의 직무유기 | 키코 파생상품의 판매 단계부터 판매 이후 환율급등에 따라 중소기업들이 막대한 손실을 입고 도산해가고 있음에도, 실태조사조차도 회피하며 직무유기적 태도를 유지하고 있음 |

# 한국 정부의 '뱅크 프렌들리' 정신

우리나라의 키코와 같이 파생상품으로 인한 피해는 전 세계적으로 문제가 되고 있다. 다음에 예시된 해외 사례를 보면, 대부분의 국가에서 상품의 부적합성 또는 설명 의무 위반으로 판단, 은행 책임을 물어 배상을 하게 하거나 형사 처벌 조치를 한 것을 알 수 있다. 그런데 한국 정부나 금융 당국은 어떠했을까? 실태조사도 회피한 채 무관심 내지 방관으로 일관했다. 조선일보(2011. 4. 18) 기사에 나온 미국 증권거래위원회(SEC)와 상품선물거래위원회(CFTC) 전문가들의 말에 따르면 키코 상품이 미국에서 판매됐더라면 판매 은행들은 사기죄로 기소됐을 것이라고 한다. 한마디로 한국 정부는 은행과 많이 친했던 거다.

〈해외 파생상품 관련 배상 및 처벌 조치〉

* 미국 정부 : CDO판매 관련 골드만삭스를 사기죄로 기소
* 미국 SEC : 가치평가 능력이 없는 Gibson에게 구조화된 파생상품을 판매한 은행 사기죄로 처벌
* 독일 연방대법원 : 고도로 복잡한 파생상품의 경우, 고객이 손실 위험을 이해할 수 있도록 명확하게 알려야 하고 위험을 과소평가하지 않도록 설명할 의무가 있음을 판시. 기업에게 전액 손해배상 판결
* 이탈리아 검찰 : 파생상품 구조 속에 숨겨진 수수료를 고객에게 고의적으로 숨긴 행위에 대해 은행을 사기죄로 기소
* 인도 : 중앙조사국이 전면 수사 착수하여 파생상품 불완전판매, 사기 혐의에 대한 위반사항 적발. 인도준비은행은 파생상품판매 19개 은행에 법정 최고의 제재금 부과
* 일본 금융청 및 은행연합회 : 외환파생상품으로 입은 기업 손실

액의 50% 이상을 배상하도록 합의

　금융소비자들이 여의도에 모여 금융사들의 도덕적 해이를 질타하는 시위를 벌였던 것을 기억할 것이다. 이후 금융 당국 수장들은 키코 사태 뿐 아니라 저축은행 피해 등에 대한 구제 안 마련에 착수하겠다는 뜻을 밝혀왔지만 현재까지 가시적인 성과로 이어지지는 못하고 있다.

　2011년 10월 15일 미국의 월가 시위대의 국제적 행동에 맞춰 한국에서도 여의도 점령 운동이 시작되고 꽤 많은 시간이 흘렀지만 우리 사회는 어떤 변화의 움직임을 감지하기가 어렵다. 저축은행의 경우, 2012년에도 수 곳의 업체가 영업정지를 당하면서 피해자가 오히려 늘었다. 이 과정에서 금융 당국은 저축은행 제도 개선을 골자로 하는 상호저축은행법 개정안을 국회에 제출했다. 그러나 해당 개정안은 현재 국회 정무위 법안소위에 계류되고 있다.
　저축은행은 그나마 관련 법안이 국회에 제출된 상태지만 키코는 관련 규제가 전무한 상태다. 그나마 키코 사태 이후 운영됐던 한시적 대책도 마무리되고 추가 대책이 나오지 않고 있는 상황이다. 키코 사태 이후 금융 당국은 리스크 높은 파생상품의 무분별한 판매를 막기 위해 장외파생상품의 경우, 금융투자협회의 장외파생상품

심의의원회에 사전심사를 받도록 했다. 그러나 이는 2010년 6월 14일부터 2012년 6월 14일까지 2년 동안 한시적으로 운영된 것이다. 이후에 나오는 파생상품은 사실상 아무런 규제를 받고 있지 않다.

키코 등 장외파생상품은 현재 원칙적으로 사전심사 등이 어려워 규제를 하기가 어렵다는 것이 금융당국의 입장이다. 키코 사건을 담당하고 있는 이성원 금융감독원 검사기획팀장은 "키코 등 장외파생상품은 개별 소비자에게 판매하는 상품이 아니라 건별로 다른 방식이 적용되는 계약의 개념"이라고 설명했다. 다시 말해 사전에 심의하기는 어려운 상황이란 거다.

제도 도입 자체를 바람직하지 않게 보는 시각도 있다. 박홍찬 금융감독원 복합금융감독국장은 금융시장 전체가 자율화 추세에 있으므로 사전심의와 같은 규제를 도입하는 것은 바람직하지 않다는 입장을 밝혔다. 시장의 자율성에 맡기는 쪽으로 가닥을 잡은 것이며, 제도 도입은 전혀 생각하지 않고 있는 것이다. 이에 대해 김화랑 KIKO공동대책위원회 차장은 "제 2의 키코 사태 등 불행을 막기 위해서는 관련 제도 도입을 적극 검토해야 한다"고 주장한다.

키코 사태의 본질을 조금 더 명확하게 볼 수 있도록 하기 위해 일본군 위안부 문제와 비교해보도록 해보자. 강자와 약자의 구조, 강

| 일본군 위안부 사건 | 키코(KIKO) 사건 |
|---|---|
| – 기획자 ; 일본 정부<br>– 실행자 : 조선총독부<br>– 목적 : 병영 내 일본군 위안소 운영<br>– 피해자 : 식민지 조선국 여성<br>(강자 : 일본군) vs (약자 : 조선여성) | – 기획자 : 외국계 금융자본<br>– 실행자 : 한국 내 은행(특히 외국계 자본)<br>– 목적 : 환율급등시 천문학적 폭리 취득<br>– 피해자 : 우량수출 중소기업<br>(강자 : 은행) vs (약자 : 중소기업) |
| 일본 우익 정치인들의 발언 | 은행들의 주장(소송과정 또는 언론보도) |
| – 조선여성들이 스스로 원했을 것이다<br>– 강제동원한 증거가 있으면 제시하라<br>– 돈벌이가 되니 조선여성들이 지원했다(이시<br>하라)<br>– 이미 다 끝난 일이다(아베신조) | – 중소기업들이 타 상품보다 유리하다고 판<br>단해 스스로 가입했다<br>– 수출기업들이 적정수준을 넘어 투기성 오<br>버헷지를 해서 위험이 커졌다<br>– 은행과 기업 간의 사적 계약이니 정부에서<br>간섭하지 마라 |
| 일본 우익 정치인들과 한국 은행들의 도덕적 수준이 다른 것이 있는가?<br>한국 은행들의 부도덕성을 바로잡지 않고 일본 우익정치인들을 욕할 수 있는가? ||

자의 변명 등이 놀랍도록 유사하지 않은가. 키코 사태를 볼 때 우린 확실한 걸 알 수 있다. 작년에 전 세계를 강타한 Occupy를 기억하는가?(우리나라에서는 내가 제일 먼저 했다!)

Occupy 운동의 구호는 "1% 대 99%"이다. 물론 지금도 전 세계적으로 "1% 대 99%"를 주제로 Occupy는 계속 진행되고 있다. 어찌 되었든, 그 구호를 정확하게 증명해준 것이 바로 키코 사태이다. 키코 사태의 면면을 살펴보면 흔히 우리가 알고 있는 부자들이 당한 사건이다. 작게는 몇 십억 원에서 평균 몇 백억 원, 심지어 몇 조 원의 매출을 올리던 중소, 중견기업들이 주 타겟이었고 그 틈에서 대기업도 살포시 당했다! 금융은 중소기업이든 대기업이든 모두가 다 강탈의 대상인 것이다!!!


## 검찰은 왜 미국까지 날아갔나

키코 사태에 관해서 조금 재미난 부분이 있어서 살짝 흘려보기로 한다. 이런 얘기는 어디서도 듣기 어려운 거다. '키코 피해 공동대책위원회'는 키코 사태 해결을 위해 검찰에 고발한 상태였다. 당시 검찰은 파생금융상품에 대해 까막눈이었다. 이해도도 부족하고 관련 사안에 대한 경험도 적은 검찰은, 미국 CFTC(상품선물거래위원회)와 SEC(증권거래위원회)로 날아가 문의를 하게 된다. 현장감을 살리기 위해 회의 기록을 발췌, 재구성했다.

즐감하기 바란다.


#1 미국 CFTC 회의 (2010. 12. 21)
　참석자 : 그레고리 제이 쿠서크(시장감시국 선임 경제전문관)
　　　　　이종철 검사(법무협력관)

쿠서크 : 키코는 내가 사건처리에 관여한 깁슨 그리팅스 사건과 매우 유사하다.

　　(중략)

이종철 : 키코 거래가 미국에서 있었다면 미국 당국은 무슨 조치를 취했을 것인가?

쿠서크 : 깁슨 그리팅스 사건은 법정 외 합의되었기 때문에 BT에 대해 형사기소는 없었다. 그러나 이 사건이 법정 외 합의되지 않았더라도 CFTC는 관할권이 있어야 한다. 1990년대 초에는 이 문제가 의문이었지만, 도드-프랭크 법 이후로 CFTC가 관할권을 갖고 있다. 관할권 문제가 해결된 것을 전제로 하면, CFTC가 사건화했을 가능성이 매우 높고 승소했을 것이다.


　쿠서크의 경험과 전문성을 토대로 볼 때, 키코는 CFTC가 법정으로 충분히 끌고 갈 종류의 사건일 것이다. 어느 일방이 정보를 고지한 경우, 그 고지된 정보가 부정직하다면 사기금지 규정이 적용된다. 키코 사건에 있어서 은행들은 고객에서 틀린 정보(false information)를 제공했다. 따라서 CFTC는 한국의 은행들을 사기죄로 기소할 것이다. 더군다나 도드-프랭크 법으로 인해 CFTC가 앞으로 다룰 고지 위반 사건은 더욱 늘어날 것이다.

　SEC집행국은 1933년 미국 증권법, 1934년 미국 증권거래법, 1940년 투자자문법 및 1940년 투자회사법 등의 증권법률 위반 여부를 검증하는 사실조사 임무를 맡고 있다. SEC집행국은 5인의 위원들에게 보내는 권고안을 작성하며, 5인의 위원들은 집행 조치를 진행할지 여부를 결정한다.


#2 미국 CFTC 회의 (2011. 1. 11)
참석자 : 앨버트 에이 아레발로(국제업무 국제집행국 부국장)
　　　　제이슨, 데미언 하모트, 앤 맥킨리(신규 구조화상품과)
　　　　이종철 검사(법무협력관 )

이종철 : 키코 거래가 미국 관할권 내에서 발생하였다면 미국 당국은 은행에 대하여 형사기소를 했겠는가?

맥킨리 : 콜옵션과 풋옵션의 프리미엄 간에 상당한 격차가 있음에도 불구하고 거래에 있어서 프리미엄이나 수수료가 없다고 한 은행의 표현을 고려해 보면, 미국 SEC는 사기행위 금지 규정에 따라 은행에게 벌금 조치나 기타 금지명령 조치를 취할 것이다. 미 법무부와 연방검찰청의 경우도 형사기소할 것이다.


　웃기는 사실은 위의 내용을 법원이나 검찰이 아닌 조선일보의 작은 기사를 통해서 확인하게 되었다는 것이다. 그 후에도 비공개 전략으로 제법 긴 시간 동안 묵혀놓기까지 했다. 그런데 더 웃긴 것은 위의 내용을 가지고 기소를 하려던 검사가, 발표 당일에 교체

돼버렸다는 거다. 그 후 기소가 연기되고, 또 연기되더니 무혐의 발표를 해버렸다. 뭐냐고요?

키코 사태가 심각한 것은 현재진행형이라는 거다. 키코는 우리의 기억 속에서 잊혀져가고 있지만 피해자들의 고통은 아직까지도 생생하다. 키코만 아니었다면 절대 무너지지 않았을 우량 중소기업들이 단숨에 역사 속에서 사라진 것이다. 그 책임은 키코 판매를 독려하고 고환율 정책을 고집한 정부와, 금융상품의 정보 고지 의무를 소홀히 한 은행들이 져야 한다. 그러나 그들은 책임을 지지 않으려고 발뺌하기에 바쁘다.

키코 피해자들은 대법원과 고등법원에서 아직도 싸우고 있는데, 알다시피 상대방은 대한민국 최대의 변호사 집단 김앤장이다. 사람들은 김앤장을 법무법인으로 알고 있는데, 그것은 틀린 정보다. 정확하게 표현하면 합동변호사 사무실이다! 여기서 많은 이야기를 쏟아내고 싶지만 난 그들과 싸울 자신이 없어서 바로 접는다! 비겁하다고 욕하지 말라! 김앤장과 싸워서 이긴 사람, 거의 없다! 물론 이긴다 해도 아무도 알아주지 않을 거다.

그러나 오해하지는 마라. 내가 김앤장과의 싸움을 포기했다는 것은 아니니까.

좀 더 힘을 모아서 싸우려고 하는 거다.

# 7

# 천국에서 지옥으로
## - 두바이 금융 사태(2009년) -


아, 석유!


두바이는 UAE의 한 토호국이다. UAE에서 가장 인구가 많으며 영토는 두 번째로 크다. 1966년 두바이 시 동쪽 120Km 지점의 페르시아 만에서 파트 연안 유전이 발견되었고 두바이는 졸부, 아니 졸부국이 되었다. 역시 석유, 대박!!


그런데 이런 부자 나라 두바이에서 상상도 못 했던 사건이 터졌다. 두바이 정부는 국영기업인 두바이월드의 590억 달러 규모 부채에 대해 사실상의 모라토리엄(채무상환 유예)을 선언한다. 또 국영 투자기업인 두바이월드(Dubai World)와 자회사인 부동산개발사 나킬(Nakheel)의 채무 구조조정을 위해 2010년 5월까지 6개월간 채무상환을 유예해줄 것을 채권단에 요청한다. 현재 나킬은 곧 만기도래하는 35억 달러의 채무를 가지고 있으며, 두바이월드의 채무는 590억 달러로 전체 두바이 채무 800억 달러의 74%에 달하는 것으로 추정된다.

1960년 두바이공항, 1972년 라시드항 개항 등 두바이는 천연자원으로 축적한 부를 기반으로 물류, 관광 산업의 메카로 자리 잡았다. 중동에 넘쳐나는 눈 먼 오일머니를 흡수하여 대규모 건설 프로젝트를 진행했다. 신공항 건설, 인공섬 개발, 세계 최대의 쇼핑몰과 호텔 건설 등 나라 전체를 럭셔리하게 리모델링한 것이다.

한때 두바이는 세계의 부자들이 선망하는 천국이었다. 휴가를 즐기려는 부유층으로 거리는 넘쳐났으며, 전 세계 명품들을 한 자리에서 쇼핑할 수 있었다. 세계에서 가자 호사스러운 호텔에서 묵으며 최고의 요리사들이 만든 음식을 먹을 수 있었다. 그런데 문제는 천국이 자기 자본이 아닌 남의 돈으로 만들어졌다는 거다. 남의 돈, 즉 차입 자금이다.

– 두바이 하면 떠오르는 인공섬

## 두바이 몰락의 일등 공신은 미국

차입을 통한 대규모 프로젝트는 곧 문제를 일으켰다. 2004년 50%대이던 UAE의 GDP 대비 부채비율은 2008년 90%에 근접할 만큼 팽창하게 되었다. 2009년 2분기 말 UAE의 해외차입 규모는 1,230억 달러나 되었다. 그 중 두바이의 외채만 800억 달러 수준으로 GDP 대비 부채비율이 180%로 추정된다. 쏟아져 나오는 석유만큼이나 빚도 쏟아지게 된 것이다.

그 외중에 2008년 미국 발 글로벌 금융위기는 지구를 한 바퀴 돌아 두바이에 직격탄을 날린다. 미국 발 금융위기로 약 2,500억 달러 규모의 UAE 건설 프로젝트들이 취소되거나 연기되었다. 2008년 말 두바이 주식시장(DFMG)은 연초 대비 무려 72% 폭락하였고 전체 부동산 가격은 2008년 9월 이후 3개월 만에 25% 이상 하락했다. 두바이가 파라다이스라고 믿던 외국인 거주자들의 고급 아파트도 1년 만에 반값으로 폭락하고 말았다. 천국에서 지옥으로 직행하는 고속 열차를 경험한 것이다. 지구 반대쪽에 있는 미국 서민들의 작은 집들(서브 프라임 모기지)이 힘을 합해 럭셔리한 인생을 즐기던 부자들의 저택들을 뿌리째 흔들어 버린 것이다. 이것이 나비 효과인가?

　사실 두바이 사태가 나기 이전에 두바이 정부는 수차례 밑 빠진 독에 물 붓기를 하며 버텨보려고 노력을 했다. 여기서 잠깐, 느끼는 것 없나? 안 되는 걸 버티려고 하지 마라. 안될 때는 포기하고 다음 기회를 노리는 것이 현명한 거다. 빚을 가지고 절대 돌려막기 하지 마라! 문제가 생기면 채무조정이 답이다. 빚을 빚으로 해결하려고 하면 곧바로 지옥행이다. 명심해라! 두 번 명심해라!!

　2008년 10월 UAE 중앙은행은 136억 달러를 긴급 투입해 외국계를 포함한 모든 은행의 예금자 보호조치를 취한다. 역시 돈빨은 중동이다! 2009년 2월 두바이 정부는 200억 달러 규모의 5년 만기 채권을 발행한다고 발표하고 우선적으로 100억 달러 규모를 발행한다. 그 돈을 1달러도 빼지 않고 UAE 중앙은행이 전액 인수한다. 불과 4개월 만에 236억 달러의 돈을 푼 것이다. 236억 달러, 환율 천 원으로 계산하면 23조 6천억 원이다!(그냥 계산하기 쉽게 천 원임. 딴지 사절) 하지만 2009년 9월 나킬의 모회사 두바이월드는 약 120억 달러의 대외 채무조정에 돌입한다. 그 사이 두바이 정부는 홍콩, 싱가포르, 런던 등을 순회하며 두바이는 "파라다이스임다 ~~~"라며 투자 설명회를 개최했지만 자금 조달에 실패하고 만다. 뭐, 다른 나라 사람들도 바보는 아니니까.

당시 나킬은 몇 개월 뒤(12월 14일) 40억 달러 규모의 수쿡(sukuk, 이슬람 채권)을 상환해야 하는 상황이었다. 사실 그 전에 풀린 돈의 규모나, 12월 14일 당일에 50억 달러의 채권 발행에 성공한 것으로 미루어 충분히 막아낼 수 있었을 것 같은 상황인데도 배째라(모라토리엄)를 선언한 것을 보면 아무래도 실제 만기도래 규모가 더크지 않았을까 한다. 아니면 손해를 덜 보기 위해 머리를 쓴 것인지도 모른다.

사실 건전한 상식으로는 모라토리엄을 외치면 국제사회에서 매장되거나 굉장히 큰 어려움을 당할 것이라 생각한다. 하지만 사실, 큰 데미지는 없다. 어이없게도 IMF 구제를 받는 쪽이 오히려 더 큰 어려움이 따라오는 것 같다! 우리나라만 봐도 IMF 구제 금융 이후 얼마나 힘들었나? 하지만 러시아, 아르헨티나 등 모라토리움 선언 국가들을 보면 뭐 그닥이다. 못 믿겠으면 지금의 두바이를 봐라! 사실 나쁘지 않다. 아니 좋다.

## 빚은 천국도 자빠뜨린다

두바이 사태를 한 마디로 정리하자면 '빚을 빚으로 키우려다가 자빠져 버린 것'이다. 제왕의 독단과 자신감 하나만으로 저질러진 재앙이다. 이 부분 어디서 본 것 같지 않은가? 앞에 나온 대우 사태도 이와 유사하다. 물론 또 하나의 공통점은 그들은 절대 책임지지 않는다는 거다.

두 사건 모두 정책적인 견제나 관리 시스템의 완성도가 높았다면 벌어지기 어려웠을 것이다. 또한 역설적으로 외부에 대한 지나친 의존도가 문제였다. 글로벌 금융위기라는 외부환경에 큰 타격을 받았다는 것 역시 음미해볼만 하다. 맛은 별로지만…….

여기에 소개된, 또는 소개하지 못한 모든 금융 사태에 대한 답은 간단하다. 금융을 규제해야 한다! 금융정책 문호를 개방해야 한다! 금융소비자의 참여를 높여야 한다! 금융을 견제하고 감시하고 사회 공공재로서의 역할에 충실하게끔 압박을 했다면 이런 일들은 일어날 수 없었을 것이다.

# 8

# 세계표준도 조작된다
## – 영국 리보금리 조작 사건(2012년) –


## 전 세계를 상대로 한 사기극

리보, 자세히는 몰라도 한번쯤 들어는 봤을 거다. 리보란 영국 런던에서 우량 은행끼리 단기 자금을 거래할 때 적용하는 금리로 국제 금융시장에서 기준 금리로 활용된다. 그런데 2012년 6월 영국의 2위 은행인 바클레이스가 리보 조작으로 전 세계 금융계를 뒤흔들었다. 2008년 말 미국 서브프라임 모기지 발 글로벌 금융위기를 바클레이스도 피해갈 수 없었고, 유동성 부족으로 하루하루 살얼음판을 걷고 있었다. 평상시 연 2%대였던 3개월짜리 급전은 연 5%

대로 치솟았고, 모든 상황이 바클레이스를 벼랑 끝으로 내몰았다.

물론 리보 사태의 직접적 원인은 말할 것도 없이 바클레이스 은행의 경영 악화다. 그런데 돈을 굴리는 곳에서 금리마저 담당하다 보니 이런 꼼수를 쓰기가 너무 쉬웠던 것이다. 바클레이스 직원이 다른 동료에게 부탁을 하였고 그 사람은 영국의 은행연합회에 이야기를 해서 인위적으로 금리를 조정한 것이다. 결국 영국과 미국의 금융 당국은 리보 조작 혐의로 바클레이스에 사상 최고 수준인 4억 5,300만 달러(한화 약 5,200억 원)의 벌금을 부과했고 회장과 최고 경영자가 줄줄이 물러났다.

이는 선진 금융기법으로 전 세계의 금융 시스템을 선도하던 영국과 미국이 어떻게 세상 모두를 속이고 있었는지를 단적으로 보여준 사례라고 할 수 있다. 얼마 전 우리나라에서도 공정거래위원회가 CD 금리 담합에 대해 발표를 한 적이 있다. CD 금리는 우리나라 금융 거래에서 중요한 지표이다. 리보와 비슷한 상황인 듯한데, 우리는 아직 답이 없다. 이런 걸 보면 우리나라 금융은 소비자를 뭣같이 여기는 것이 확실하다. 뭐, 꼭 CD금리 담합에 관한 정부의 대처뿐만 아니라 다른 사건들을 봐도 뻔하지만 말이다.

■ 각국 리보 금리 조작사태 일지(2012년)

| 6월 27일 | - 영국 금융감독청(FSA), 리보 조작 조사결과 발표<br>- 미국과 영국, 4억 5,300만 달러 벌금 부과 |
|---|---|
| 7월 2~3일 | 마커스 에이저스 바클레이스 회장, 밥 다이아몬드 바클레이스 최고경영자 사임 |
| 7월 5일 | S&P와 무디스, 바클레이스의 신용등급 전망을 '부정적'으로 하향 조정 |
| 7월 6일 | - 영국 중대비리조사청(SFO), 영국 주요 은행 금리 조작 수사 착수<br>- 독일 금융감독위원회, 도이체방크 금리 조작 여부 특별 조사<br>- 미국 금융 당국, JP모건과 시티그룹의 금리 조작 여부 조사 |
| 7월 8일 | 유럽연합, 리보 조작행위 형사 처벌 발표 |
| 7월 9일 | 영국의회, 폴 터커 중앙은행 부총재 소환 |
| 7월 10일 | 미국 상원, 연방준비은행들의 리보 조작에 대한 대처방법에 대해 조사하겠다고 발표 |

**| 리보(LIBOR, London Interbank Offered Rate) |**
리보는 런던의 16개 대형 은행이 제출하는 금리를 취합 평균해 산출한
다. 은행들이 매일 다른 은행으로부터 단기 자금을 빌릴 때 내기로 한 금
리를 영국 은행연합회에 알려주면 이 중 가장 금리가 낮은 4개와 가장 높
은 4개를 제외한 나머지 8개 은행의 금리를 평균해 산정한다.

**| CD(Certificate of Deposit) 금리 |**
CD(양도성 예금증서) 금리는 금융투자협회가 평소 거래 실적이 많은 10
개 증권사(유진, 대신, 리딩, 메리츠, 부국, 한화, HMC, KB, KTB, LIG투자
증권)에 설문을 돌린 뒤 답변 자료를 취합해 결과를 고시하는 방식으로
결정한다. 대상 10곳의 호가 금리를 받아 최고값과 최저값을 뺀 나머지
8개의 평균치를 CD금리로 고시한다. CD금리는 코피스(자본조달비용지

수)와 함께 고객이 은행에서 변동금리 대출을 받을 때 기준이 된다.


## 모두가 함께 해먹었다

금리 조작과 같은 은밀한 거래가 항상 그렇듯 자기들(은행)끼리만 이득을 보는 것이다. 연동된 금리는 자연스럽게 오르게 되어 있고 소비자는 아무런 이유 없이 정당한 재산을 강탈당하고 있는 것이다. 더욱 웃기는 건 전 세계를 상대로 한 이런 대형 사기극이 고작 몇 통의 이메일로 이루어졌다는 것이다. 스파이 영화에서 나오는 첨단 기법이 동원된 것이 결코 아니다. 그들이 간이 커서 그런 게 아니다. "니들이 이런 걸 알겠어?"라는 뻔뻔함 때문이다.

영국 금융감독청은 바클레이스의 리보 조작 행위가 2005년부터 시작되었다고 발표했다. 그들의 은밀한 행위가 드러난 이메일의 한 구절을 살펴보자.

"자네들을 돕는 건 늘 즐거워. 일은 잘 처리됐네."(은행연합회의 금리 담당자가 바클레이스에 실제보다 낮은 금리로 조작, 보고했음을 알리는 메일)

자, 여기서 조금 이상하다는 생각이 들지 않는가? 대영제국의 금리가 일개 한 은행과 은행연합회 관계자 몇 명이 관여해 조작될 수 있을까? 당신의 촉이 맞다. 리보 사태가 바클레이스만의 농간이었으면 그나마 위안을 삼을 수 있겠지만 사실은 그렇지 않았다. 금리를 결정하는 시스템 자체가 한 부분의 꼼수로 흔들리지 않는다. 역시 이번에도 이메일로 그 전모가 드러났다. 다른 은행의 트레이더들 역시 각 은행 및 은행연합회와 손을 잡고 농간을 부렸던 것이다. 내가 누누이 말하지만 세상에 믿을 놈은 없다! 그것도 금융에 관해서는 더욱더!!

## 내 돈 내놓으라고 왜 말 못 하나

리보(LIBOR) 조작 사건의 주역인 밥 다이아몬드 전 바클레이스 최고경영자는 청문회에서 "금리 조작은 트레이더들이 개인적으로 저지른 일이며 회사의 지시에 의한 것이 아니다"라고 말했다. 정말 뻔뻔하지 않은가! 영국의 유력지는 "바클레이스 금리조작 사태는 빙산의 일각에 지나지 않다"는 기사를 실었다(http://www.presstv.com/detail/2012/07/10/250306/barclays/).

Bank of England의 부총재인 폴 터커는 영국 의회 재무 위원회

- 영국 하원 청문회에 출석한 밥 다이아몬드 전 바클레이스 최고경영자(왼쪽)

에 출석해서 이렇게 증언했다. "탐욕스런 은행가들이 리보 금리 조작에 가담했으며, 리보 이외에도 십 수개 금융시장 지표를 조작했다."

나는 아직 밝혀지지 않은 것이 있다는 말이 무서울 뿐이다. 이런 사태를 보면 금융은 신뢰를 바탕으로 하는 게 아니라 사기를 바탕으로 한 것 같다.

이 책은 애초에 당신들을 세뇌시키려고 하는 의도를 가지고 쓴 책이다. 당신들 뇌를 정상으로 바꿔놓기 위한 세뇌다. 당신들 주머니에서 돈을 빼가는 도둑들에게 소리라도 한 번 질러야 하지 않겠는

가. 금융의 자율은 개뿔!! 금융을 규제해야만 내 돈을 지킬 수 있다는 사실을 제발 자각해라. 또한 두 눈 시뻘겋게 뜨고 금융 당국을 감시해라. 감시만이 금융사를 견제할 수 있는 유일한 방법이라는 것을 가슴에 새겨라!

리보 사태는 은행들이 자신의 이득을 위해 기준이라는 것도 마음대로 바꿀 수 있고 소비자는 그런 사실을 전혀 모를 수도 있음을 보여주었다. 금융사의 탐욕은 정말 무섭다. 감시해야 내 돈을 지킬 수 있다. '남의 돈'이 아닌 '내 돈'이란 말이다. 오지랖 넓은 한국 사람들아~ 어서 공정거래위원회로 뛰어가서 CD금리 담합에 대한 결과를 빨리 내놓으라고 외치란 말이다!

# 9

# 은행은 웬만한 건 잘못해도 괜찮아
## – 집단대출 서류 조작(2012년) –

## 중도금 대출서류 쯤이야

2012년 국민은행은 전수조사를 통해 집단 중도금대출 약정서 9,616건의 서류 변경이 있었다고 밝혔다. 이게 뭔 소리냐? 국민은행은 왜 갑자기 이런 발표를 한 걸까? 좀 더 찾아보자!

국민은행이 지난 7월부터 집단대출(중도금대출, 이주비대출, 잔금대출 등) 881개 사업장 9만 2,679구좌를 대상으로 전수조사를 실시한 결과 대출기간 변경 7,506건, 대출금리 정정 1,954건, 성명 정정 6건 등 총 9,616건의 기재사항 변경 사례가 확인됐다는 것이다. 국민은행은 다수의 분양 계약자를 대상으로 견본주택에서 대출서류를 일괄 접수하는 과정에서 실수가 발생했다고 설명했다. 또 서류 변경으로 인한 고객 피해는 없으며 앞으로도 고객 피해가 발생하지 않도록 주의하겠다고 약속했다.

집단 중도금대출은 시행(시공)사와 은행 간 대출조건(금리, 기간, 금액 등)에 대해 사전 협의가 완료된 후에 지급되는 것이다. 그래서 일부 영업점의 경우, 고객의 피해가 없을 때만 잘못 작성된 부분을 은행 직원이 수정하는 관행이 있어 왔다고 한다.

뭔 말이냐고? 은행이 대출받은 사람의 의사와 상관없이 자기들 편한 대로 대출 계약서를 작성했다는 거다. 믿을 수 없지만, 사실이다!

## 은행들에게 소심한 한 마디

그러면 서류 변경을 어떻게 했는지 살펴보자. 일단 대출기간에 두 줄을 긋고 정정한 후 직원 도장으로 날인한 사례가 대부분이었다. 대출금액이 '일억 5천만 원'으로 표기된 것을 '일억 오천만 원'으로 수정한 사례도 발견되었으니까, 뭐 자기들 마음대로다. 어떤 경우는 대출금액 자체가 변경되기도 했고 대출자의 이름이 바뀌기도 했다. 허걱! 아직 진행 중인 사안이기에 뭐라고 하긴 그렇지만, 그래도 이 한마디는 꼭 해야겠다.

"니들 말대로 별 탈은 없다니까 어쩌겠냐? 약자인 우리가 이해해야겠지. 그런데 입장 바꿔서 생각해봐라! 내가 서류를 내 맘대로 꾸며서 다른 사람의 이름으로 대출을 받아냈어. 그리고 내가 이자 꼬박꼬박 잘 내고 있다가 대출받은 사람이 가짜라고 들통이 났어.

자, 그럼 니들은 이자 잘 내고 있었으니까 별 일 아니라고 그냥 넘어갈 수 있어? 니들은 분명 사기에 사문서 위조로 고발할 테지. 은행, 너희들은 왜 항상 너희 유리한 대로만 하는 건데? 우리가 그렇게 우습게 보여?"

그런데 아무래도 은행들이 "응"이라고 대답할 거 같다.

# 3부

# 소비자냐, 속이자냐

# 1

# 너희들이 정녕 은행이냐
## - 저축은행 사태(2009년~) -

## 불법과 비리의 백화점

1부가 금융사의 탐욕이 미친 폐해를 구조적으로 다루었다면 2부에서는 그런 행위들이 소비자들에게 어떤 영향을 미쳤는지 자세히 살펴보고자 한다. 1번 타자는 말도 많고 탈도 많은, 그리고 아직도 끝나지 않고 있는 저축은행 사태다. 자, 준비되었는가? 시작하자.

삼화 저축은행으로 시작된 저축은행 사태는 부산저축은행을 거쳐 거대한 폭발을 일으켰고, 2012년 솔로몬 저축은행으로 이어졌다. 정부는 여러 가지 대책을 쏟아내었지만 아직도 응가 싸고 뒤처리를 제대로 못한 것 같은 찜찜함이 계속 이어지고 있다.

■ 저축은행 사태 경과

| 영업정지일 | 저축은행 | 본점 | 비고 |
|---|---|---|---|
| 2011년 1월 4일 | 삼화저축은행 | 서울 | |
| 2011년 2월 17일 | 부산저축은행 | 부산 | |
| | 대전저축은행 | 대전 | |
| 2011년 2월 19일 | 부산2저축은행 | 부산 | 부산저축은행 계열 |
| | 전주저축은행 | 전주 | |
| | 중앙부산저축은행 | 서울 | |
| | 보해저축은행 | 목포 | |
| 2011년 2월 22일 | 도민저축은행 | 춘천 | |
| 2011년 8월 5일 | 제일저축은행 | 서울 | |
| | 제일2저축은행 | 서울 | |
| | 프라임저축은행 | 서울 | |
| | 대영저축은행 | 서울 | |
| | 에이스저축은행 | 인천 | |
| | 파랑새저축은행 | 부산 | |
| | 토마토저축은행 | 성남 | |
| 2012년 5월 6일 | 솔로몬저축은행 | 서울 | |
| | 한국저축은행 | 서울 | |
| | 미래저축은행 | 서울 | |
| | 한주저축은행 | 충남 | |

저축은행 사태는 불법과 비리의 백화점, 범죄의 종합선물세트다. 감시받지 않는 금융 당국과 탐욕스러운 금융사들의 진면목을 과시하며 금융소비자들에게 금융을 왜 믿기만 하면 안 되는지 극명하게 보여주고 있다. 그런데 금융사들은 여전히 신뢰가 생명이라며, 윤리경영을 주장한다. 옆에 있으면 그냥 한 대 쥐어박고 싶다.

## PF대출로 한방에 훅 가다

영업정지된 저축은행들의 공통점이 뭔지 아나? 바로 PF대출로 큰 돈을 날리고 뇌물과 사치, 비리 등으로 생명 연장의 꿈을 꾸고 있었다는 것이다. PF대출이 뭐냐고? 프로젝트 파이낸싱, 쉽게 말해 금융사가 기업의 자산이나 신용은 안 보고 한 프로젝트의 사업 수익성과 유입될 현금만 보고 자금을 대출해준다는 것이다.

그러면 대표적인 PF대출이 뭘까? 그렇지, 부동산이다. 쉽게 예를 들어주겠다. 한 회사가 어떤 지역에 땅을 구입해 대규모 쇼핑몰과 리조트 타운을 짓는다고 한다. 그런데 그 회사는 자산도 별로 없고 신용 상태도 별로인 거다. 제정신 박힌 금융사라면 절대 대출을 해주면 안 되는 거다. 그런데 저축은행들의 판단은 달랐다. 부동산이야 어차피 오르게 되어 있으니까, 분양만 하면 현금이 들어

올 거니까 아무 생각 없이 대출을 해준다.

얼마 지나지 않아 부동산 거품이 꺼진다. 쇼핑몰과 리조트 타운의 분양 사무실은 파리를 날리고 있다. 이런, 대출해준 기업이 망하게 생겼다. 망하면 대출금 전체가 물리니까 저축은행들은 이 돈, 저 돈 끌어 모아 지속적으로 꼴아박는다. 당연히 저축은행에 예금한 고객의 돈을……

■ 2011년 주요 저축은행 실적

(단위: 억 원, %)

| 저축은행 | 손익 | BIS비율 | 고정이하여신비율 | 순자산 |
|---|---|---|---|---|
| 토마토2* | -2,078 | -26.24 | 34.52 | 1517 |
| 우리 | 0 | -20.66 | 19.76 | -36 |
| 진흥* | -3,362 | -7.45 | 45.79 | -1289 |
| 경기* | -1,824 | -2.86 | 46.35 | -308 |
| 세종 | -173 | -2.09 | 26.36 | 22 |
| 유니온 | -125 | -2.03 | 20.18 | 5 |
| 삼일 | -58 | -1.46 | 34.98 | -12 |
| 더블유(W) | -305 | -0.4 | 7.72 | -18 |
| 신라 | -477 | -0.34 | 56.3 | -26 |
| 골든브릿지 | -203 | -0.32 | 11.44 | 4 |
| 오투 | -43 | -0.3 | 30.25 | 0.3 |
| 서울 | -983 | 1.64 | 29.83 | 140 |
| 현대스위스 | -621 | 3.02 | 10.02 | 538 |

- 자료출처: 각 저축은행, *는 예보에서 경영관리

# 누가누가 더 많이 해먹었을까

저축은행 사태를 살펴보면 마치 미리 짠 것처럼 수많은 공통점을 발견할 수 있다. 하긴 탐욕과 부도덕이라는 키워드 하에서 벌어진 것이니 다를 것이 없을 것이다. 지금부터 각각의 저축은행 사태를 일목요연하게 스캔해 보겠다. 아 유 레디?

에이스 저축은행은 이모 씨에게 담보도 없이 6,917억 원을 대출해주었다. 이모 씨는 그 중 120억 원을 강남의 대형 나이트클럽 운영에 사용하고 명품 시계와 최고급 외제차 등을 몰며 유흥비로만 24억 원을 탕진했다. 그에겐 강남의 황태자, 유명 연예인의 스폰이라는 꼬리표가 따라붙었다.

제일저축은행은 좋게 말해도 회장님의 사금고였다. 유동천 회장은 주식 투자로 천억 원대의 부실이 생기자 제일저축은행과 거래 관계도 없던 사람들 1만 3,000여 명의 명의를 도용해 1,247억의 대출을 받아 빚을 갚았다. 더 가관인 것은 돈 쓸 일이 생기면 은행 금고에 가서 싸인 하나 해주고 마음대로 돈을 빼서 썼다는 거다.

토마토저축은행 신현규 회장은 조금 낫다고 해야 할까? 지인에게 천억여 원을 대출해주며 담보 비슷한 거라도 받았으니까. 탱화 3점을 감정가 110억 원으로 담보를 잡아준 것이다. 하지만 이 그림은 시세 자체가 형성되지 않은 것이었다. 글쎄, 들고 나가면 110만 원이라도 받을 수 있을란가?

미래저축은행 김찬경 회장은 수사가 시작되자 수억 원의 현금을 챙겨 밀항하려다 잡혔다. 물론 그냥 배만 탔을 뿐이라고 오리발을 내밀었지만……. 김 회장은 통도 크고 수법도 다양했다. 들리는 말에 의하면 고향에 자신만의 왕국을 건설하려 했는데, 그만 일장춘몽으로 끝나고 말았다고 한다.

이쯤 되면 슬슬 욕이 나와야 정상이다. 저축은행의 이런 불법 대출이 무려 2조 1,680억 원에 이른다고 하니 말문이 막힌다. 현재 저축은행 비리와 관련해 총 84명 입건, 49명 구속기소, 34명 불구속기소, 1명 구속 수사 중이라고 한다.

저축은행의 1차 영업정지 때는 저축은행 수사 무마 명목으로 거액을 수수한 전 경기지방경찰청장과 불법정치자금을 수수한 전·현직 국회의원 등 6명을 적발해 그 중 1명을 구속기소, 5명을 불구속기소했다.

또한 저축은행 경영진과 결탁해 저축은행으로부터 8600억 원을 불법 대출받고 그 중 1,000억 원 상당을 횡령한 대형 차주(추가 기소 등) 5명을 불구속기소했으며, 프라임 그룹 회장 등 대주주, 경영진 8명을 부실(배임)대출 혐의 등으로 불구속기소 또는 추가 기소했다.

2차 영업정지 때는 거액의 고객 예금 등을 빼돌려 중국으로 밀항하려다가 검거된 미래저축은행 김찬경 회장 등 저축은행의 경영진과 대주주 4명을 모두 구속했다. 현재까지 총 1조 2,882억 원 규모의 불법 대출(부실 및 배임 대출 4,538억 원, 한도초과 대출 2,864억 원, 대주주 자기 대출 5,480억 원)을 확인했다. 이 밖에 저축은행 자금 992억 원 횡령 등 합계 1,179억 원에 이르는 대주주의 개인비리 혐의도 적발했다.

조사단은 미래저축은행 김찬경 회장에게서 713억 원 횡령 및 배임 혐의를, 솔로몬저축은행 임석 회장에게서 195억 원 횡령 혐의를, 한국저축은행 윤현수 회장에게서 55억 원 횡령 및 배임 혐의를, 한주저축은행 김임순 회장에게서 216억 원 횡령 혐의를 포착했다고 밝혔다. 아, 숨차다! 그런데 이게 다가 아니다.

솔로몬저축은행 임석 회장은 금감원 감사를 무사히 통과시켜달라는 명목으로 미래저축은행 김찬경 회장에게 현금 14억 원, 1Kg 짜리 금괴 6개(시가 3억 6천만 원 상당), 도상봉 화백의 그림 2점(시가 3억 원 상당)을 제공한 혐의를 받고 있다.


## 피해자에서 투사로

저축은행 비리 합동조사단의 발표를 보면 2가지를 느낄 수 있다. '참 사람들 간도 크다'와 '왜 이렇게 불구속이 많아?'이다. 수백억 원, 수천억 원을 날린 사람들이라서 그런가? 검찰이나 기자들도 그 사람들을 참 귀하게 대해주는 것 같아 더 씁쓸하다. 법원에 가면 수만 원에서 수백만 원까지 생계형 범죄자들이 즐비한데 생각보다 실형을 받는 경우가 많다. 범죄를 두둔하자는 것이 아니라 형평성을 얘기하는 거다. 1명을 죽이면 살인자지만 100명을 죽이면 영웅이라는 말인가?

저축은행 사태의 피해자는 4만 명이 넘으며, 예금보장한도를 넘어선 금액만 4,000여억 원이다. 하지만 예금보험공사가 5000만 원 이하 예금자에게 지급한 돈이 무려 15조 원이 넘으며, 추가적으로 7~8조 원이 더 들어갈 것으로 예상된다고 한다. 당연히 혈세다.

그리고 웃기는 건 저축은행의 피해자 자신도 그 혈세에 동참하고 있다는 것이다.

저축은행의 불법행위와 금융 당국의 무능으로 초래된 저축은행 사태로 내 돈을 제대로 못 받는 것도 서러운데, 거기에다가 혈세까지 더 내야 한다는 것이다. 물론 사고 친 분들은 감옥에 들어가 몇 년 쉬다가 나오면 될 것이다. 여기서 우리가 꼭 기억해야 할 사실이 있다. 저축은행의 몇몇 높은 분들 때문에 8,000여 명에 달하는 저축은행 노동자들이 직장을 잃는다는 것이다.

저축은행 사태를 겪으며 우리나라 금융소비자들이 드디어 자신들의 위상을 자각하게 되었다. 가장 많은 피해를 봤으며, 가장 강하게 투쟁하고 있는 부산이 그 예이다. 부산저축은행의 피해자들은 전국저축은행 비상대책위원회(위원장:김옥주)란 네트워크를 만들어 자신들의 권리를 되찾기 위해 싸우고 있다. 이들은 600여 일 넘게 부산에서 서울로 상경 투쟁을 이어가고 있다. 그리고 놀랍게도 이 투사들의 평균 연령은 60세가 훌쩍 넘는다.

지난 해 말 국회에서는 이들에 대한 피해 보상 및 구제를 위하여 예금자보호법 개정안을 논의하는 듯 했으나, 대통령의 거부권을 행사하겠다는 의사를 밝힌 MB 정권에 의해 결국 유야무야로 사라지게 되었다.

# 아직 터널의 끝이 아니다

여담이지만 저축은행 사태는 사실 오래전부터 예견되었고 언젠가는 터질 시한폭탄이었다. MB정부 들어와 청와대 측근부터 상왕으로 불리던 형님(이상득 전 의원)까지 마구잡이로 해먹다가 꽝~ 하고 터진 일이기도 하다. 그렇게 배터지게 다 해먹은 죄로 구속까지 된 사람들이 무슨 낯으로 형평성, 법리상 문제 운운하며 피해자 구제를 거부했는지 도무지 이해가 안 된다. 돈 받아먹는 것과 금융소비자 보호는 별개라서 그런 걸까? 아~, 나는 높은 분들의 뇌가 진짜 궁금하다.

이 시점에서 제일 걱정되는 것은 저축은행 사태가 현재진행형이라는 거다. 언제 또 터질지 모른다는 것과 혈세가 얼마나 더 투입되어야 할지 모른다는 거다. 하지만 아이러니는 여기서 끝나지 않는다. 예금보험공사가 관리하는 저축은행들이 자연스럽게 저평가가 되기 때문에 싼값에 팔린다는 거다. 다음 수순으로 당연히 공적자금을 지원받는다. 그럼 어떻게 될까? 정상화될 때쯤이면 저평가된 자산들이 제 값을 받게 될 거다. 결국 매입한 금융사만 노나는 장사다. 공적자금, 다시 말해 혈세는 왜 피해자들만 부담해야 하냐고? 차라리 매각하지 않고 정부가 인수한 채로 운영하면 안 되는 걸까? 정상화될 때까지 운영하다가 팔아도 되잖아. 괜히 두 번 돈 들여, 피해자를 두 번 울려? 나도 생각하는 걸 높은 분들은 모르는 건가? 아님 나 따윈 알 수 없는 깊고 깊은 "딴" 생각이 있는 걸까?

# 2

# 100% 손해 보는 이상한 재테크
## – ELS 주가조작 사건(2010년)–


## 고양이인줄 모르고 생선을 맡기다

ELS는 특정 주식이나 주가지수와 연계하여 중도상환기일(보통 3~4개월 단위)에 투자수익금을 지급하기로 약정한 증권이다. 주가가 중도상환 평가일 기준으로 일정 조건을 충족하면 원금과 함께 미리 정한 일정한 수익을 지급하게 된다. 유식하게 얘기하자면, 자본시장과 금융투자업에 관한 법률 제4조 제7항의 '파생결합증권'에 해당한다.

ELS는 2003년부터 판매되기 시작해 2010년에는 월평균 약 2조

원, 발행 총액은 24.3조 원에 이른다(2011. 3. 21. 금융감독원 자료).

그런데 이런 ELS를 어떻게 조작했을까? "아무리 훌륭한 사기꾼이라도 주가지수를 조작할 수는 없어."라고 생각한다면 당신은 진짜 순진한 거다. 증권사들이 평가일에 약정 조건이 달성되어 손실이 예상되자 일부 ELS상품의 주가에 관여하여 기준가격 이하로 낮춰버린 거다. 당연히 계약된 수익금을 지급하지 않았다.

동시호가에 집중 매도하여 주가를 성립가격 이하로 하락시킨 것이다. 또 외국계 증권사는 중도상환 평가일에 홍콩 등지에서 99%에 이르는 매물을 쏟아내거나 만기 평가일에 주가에 관여하는 방법을 썼다. 그 회사는 투자자에게 약정된 22%의 수익금을 주기는커녕 오히려 26%의 원금 손실을 보게 했다. 이제 알겠나? 이 사람들은 양복 입은 사기꾼, 공인된 사기꾼이란 걸!!


잘 이해가 안 간다면 Step-Down형 ELS상품을 예로 들어 설명해주겠다. ELS 발행일 당시 특정 주식의 주가를 기준으로 하여, 이후 6개월(평가일)마다 조기 상환하는 주가를 최초 기준가 대비 85% → 80% → 75% → 70%로 미리 정하여 둔다. 조기 또는 만기상환일의 주가가 이를 충족하면 투자금의 12% → 24% → 36% → 48%의 수익을 붙여 상환하도록 설계된 상품이다.

평가일에 해당 주식의 주가가 조건가격 미만일 경우 발행사는 수익을 상환할 의무가 없고, 다음 상환 기준일까지 기다렸다가 만기에도 조건을 성립하지 못할 경우 투자원금의 일부를 투자자에게 반환한다. 결국 조건이 성립되지 않으면 원금이 까이는 거고, 금융사들이 조건이 성립되지 않도록 조작질을 했다는 얘기다. 다음에 예시된 A증권사의 주가 조작 사건을 참고해보라.

■ ELS 수익금 지급 회피 주가 조작 개요

A증권사, 발행일 기준주가 10만원인 B사 주식을 기초자산으로 ELS 1억 원어치 발행.
발행일 6개월 이후 A사의 주가가 기준가의 80% 이상이면 원금+48%의 수익을 지급하기로 약정

발행일 6개월 이후 중도상환기일 주가가 8만 1000원대에 형성됨

A사, 동시호가 시간대에 B사 주식 대량 매도해 주가를 7만 9000원으로 떨어뜨림

A사, 투자자에게 수익금 2400만 원 지급하지 않고
6개월간 추가로 투자원금 1억 원 운용 기회 얻음

## 그들에게 주가 조작은 코 푸는 것보다 쉬웠다

서울중앙지검 금융조세조사2부(부장 이성윤)는 ELS 수익금 및 원금 지급기준이 되는 기초자산(주식) 가격을 조작한 혐의(자본시장

법 위반)로 대우증권, 미래에셋증권, BNP파리바, 캐나다왕립은행 (RBC)의 주식 트레이더 4명(회사당 1명씩)을 불구속기소했다. 이들은 중도상환일이나 만기일에 주가가 기준가격 이상이면 수익금을 지급하는 ELS를 판매한 뒤, 수익금을 주지 않으려고 대량으로 주식을 내다팔아 주가를 떨어뜨린 혐의를 받고 있다. 그런데도 "불구속" 기소란다.

대우증권 전직 트레이더 김 모씨(46)는 2004년 11월 16일 동시호가 시간대에 9차례에 걸쳐 S사 주식 13만 주를 매도해 10만 9,500원이던 주가를 10만 8,000원으로 떨어뜨렸다. 이로 인해 이날 S사 주가가 10만 8,500원 이상이면 수익금을 받기로 되어 있었던 ELS 투자자 224명은 7억 2,000만 원의 손실을 봤다.

BNP파리바증권 소속 프랑스 국적의 트레이더 A씨(33)도 2006년 9월 4일 동시호가 시간대에 7차례에 걸쳐 K사 주식 140만 주를 매도해 ELS 수익금 지급 기준가격인 1만 5,600원보다 낮은 1만 5,550원으로 주가를 떨어뜨렸다. A씨가 판 K사 주식 140만 주는 같은 시간대에 거래된 이 회사 주식 전체 거래량의 98.7%에 달했다. 역시 사기 치는 데 국적은 없었다. 검찰이 기소한 트레이더들이 주가를 조작해 피해를 본 투자자는 1,753명으로 추산되며, 이들이 받지 못한 수익금과 원금 규모는 총 81억 3,500만 원으로 집계되었다.

# 양복 입은 야바위꾼

파생금융상품은 생각보다 간단하다. 친구나 가족끼리 간단하게 고스톱 한 판을 친다고 가정해보자. 대부분 현금이 아닌 바둑알이나 동전을 사용한다. 물론 그 바둑알이나 동전에는 약속한 금액이 부여되어 있다. 이렇게 우리가 임의로 부여한 가상의 가치는 그 판에서는 실제인 것처럼 운용되고, 나중에 현실 가치로 맞바뀌는 것이다.

생각해봐라. 전문가네 뭐네 하는 사람들이 3개월, 6개월, 1년을 예측한다고 떠들지만 다음 날 주식도 못 맞춘다. 파생금융상품의 공식들을 들여다봐라. 자세히 보든, 대충 보든 무슨 말인지 당최 알 수가 없을 것이다. 그 상품은 설계한 사람도 이해할 수 없다가 정설이다. 항간엔 쇳덩어리를 우주로 날리는 일을 하는 NASA의 수학자들이 주로 초빙되어 돈 버는 공식을 만든다고 한다.

무슨 뜻인지 아직도 이해를 못하겠나? 파생금융상품은 이미 정해진 답을 내기 위한 공식이 적용된다는 거다. 돈을 뜯어내야 할 사람들이 더 복잡하게 이야기해서 사기 치는 것과 같다고 봐도 크게 틀리지 않다. 다단계 사업하는 사람들이나 사기꾼들을 봐라. 그냥 뭔가 어려운 이야기에 복잡한 이야기를 한참 하고 나서, 결론은 돈을 달라고 하지 않더냐!

시장이나 사람들이 붐비는 곳에 자리를 잡고 판을 벌리던 야바위꾼들이 옷을 쫙 빼입고 우리 앞에 다시 나타난 것이다. 그 야바위꾼들의 입담이 화려할수록 돈을 잃는 구경꾼들이 많았다는 것을 잊지 말자. 세상이 발전하니 야바위꾼들도 발전했다는 것도 잊지 말자.

부실채권이란 90%의 부실과 10%의 우량으로 구성된다. 부실채권 10개를 모아서 쪼개면 9개의 부실채권과 1개의 우량 채권으로 나뉜다는 것이다. 고로 부실채권을 사들인 후 쪼개 팔면 되는 것이다. 이런 방법으로 파생금융상품은 위험을 회피한다. 고위험, 고수익이라면서? 왜 양복 입은 야바위꾼들이라 하는지 이제 이해하겠나?

# 3

# 우리는 모두 네 번이나 털렸다
## - 개인신용정보 유출 -


## 이건 결단코 심각한 일이다

이제까지 최소한 1억 3,270만 건의 개인정보가 유출되었다. 사례에는 올리지 않은 행정기관까지 합친다면 유출된 사례는 2억 건이 훌쩍 넘게 된다. 갓난아기까지 다 합해서 전 국민이 무려 네 번씩이나 개인정보가 털린 것이다. 이 중에는 심지어 금융사의 정보까지 있다. 얼마나 많은 문제가 발생할지는 상상조차 하기 어렵다.

사람들과 얘기를 나눠보면 의외로 개인정보 유출에 대해 심각하게 생각하지 않는다. 그렇게나 많은 정보가 털려서 세상을 떠도니 무덤덤해진 것이 사실이다. 불과 몇 달 전까지만 해도 주민등록번호 등 사소한 정보 몇 가지만으로 핸드폰, 인터넷, 집 전화 등 일상적 통신기기 개통이 가능했다. 물론 그렇게 개통된 핸드폰 등은 대부업체의 대출에 악용될 수 있다. 그런 사례가 없다고 절대 말할 수 없다!

제일저축은행의 불법 명의도용 범죄를 통해서 알 수 있듯이 유출된 신용정보로 대출을 받을 수도 있다. 그리고 다음에 설명하겠지만 카드론 보이스피싱과 같이 타깃 범죄로 악용될 수도 있다. 카드론 보이스피싱을 당한 한 피해자의 이야기를 들어보자.

"신용카드를 20년 가까이 사용했지만 카드론에 대해서는 알지 못했다. 하지만 그 사람들(보이스피싱 범죄자)이 내 카드론 잔액까지 정확하게 알고 있었기에 난 추후의 의심도 할 수 없었다."

자, 당신의 개인정보가 왜 중요한지 충분히 인식했는가? 지금이라도 늦지 않았다! 비밀번호부터 싹 바꿔라! 그리고 당신의 개인정보를 유출한 곳에 전화해 강력하게 항의해라!

■ 개인정보 유출 사례

| 시기 | 기업 | 규모 | 기타 |
|---|---|---|---|
| 2002 | 아이러브스쿨 | 540만 명 | |
| 2004 | 신세계 | 319만 명 | |
| 2004 | 엔씨소프트 | 120만 명 | 집단소송 500만 원 청구 (패소 : 위자료 10만 원) |
| 2008.2 | 옥션 | 1,863만 명 | 집단소송 300만 원 청구 (패소 : 항소 중) |
| 2009.9 | GS칼텍스 | 1,151만 명 | 집단소송 100만 원 청구 (패소 : 위자료 없음) |
| 2010 | 대명리조트 | 80만 명 | |
| 2010.3 | 신세계몰 등 | 2,000만 명 | |
| 2011.4 | 현대캐피탈 | 175만 명 | |
| 2011.6 | 대부업체, 저축은행, 채팅 사이트 등 | 1,900만 명 | |
| 2011.7 | 네이트 | 3,500만 명 | 집단소송 300만 원 청구 (1심 일부승소: 위자료 100만원, 항소 중) |
| 2011.9 | 삼성카드 | 80만 명 | |
| 2011.11 | 넥슨 | 1,320만 명 | 민사소송 준비 중 |
| 2011.12 | 하나SK카드 | 10만 명 | |
| 2012.4 | 하이투자증권 | 2,335 명 | |
| 2012.5 | EBS | 400만 명 | 경찰 수사 중 |
| 2012.7 | KT | 870만 명 | - 민사소송 준비 중 - 임직원 처벌, 경찰 수사 중 |
| 2011.10 | 제일저축은행 | 1만3,000여명 | - 집단소송 100만 원 청구 (1심 일부승소: 위자료 50만원, 항소 중) - 임원과는 10만 원 배상 합의 |

# 민사 배상으로 응징하자

개인정보가 어마어마하게 유출되면서 많은 변호사들이 이 시장에 덤벼들었다. 대부분 소액청구를 통해 수만 명씩 집단소송을 하기 시작한 것이다. 하지만 법원은 "개인정보 유출은 사실이지만, 청구인들에게 직접적인 손해가 없으므로 기업이 배상하지 않아도 된다."라는 센스 있는 판결을 내린다. 쉽게 말해 "야가 잘못은 했는데 니가 특별히 손해 본 게 없으니깐 그냥 넘어가!"라고 한 것이다. 뭐, 피해를 당했다고 해도 "그게 기업에서 정보를 유출한 것 때문이라고 당신들이 증명해!"라고 할 분들이다.

짭짤한 수입을 꿈꿨던 변호사들과 그들의 속내도 모르고 분노했던 소비자들은 무관심으로 돌아서게 되었다. 그러던 중 제일저축은행에서 1만 3천여 명의 명의를 도용해 수조원의 대출을 받은 사건이 터졌다. 금융소비자협회(내가 사무국장임)에서 이헌욱 변호사와 집단소송을 시작했다. 우린 성공보수 그런 거 없이 그냥 100만 원 위자료 청구와 함께 인지대 1만 2천 원만 받고 공익소송을 진행했다. 129명이 접수를 했고, 우린 1심에서 제일저축은행의 불법성을 인정받아 50만 원의 확정 판결을 받았다. 물론 제일저축은행은 항소를 신청했다.

하지만 중간에 임원들에게 인당 10만 원씩 합의금을 받았으니 그들에 대한 민사적 처벌이 되었다고 볼 수 있다. 아직 소송이 진행 중이니까 좀 더 기다려 봐야겠지만 개인정보의 중요성과 정보 유출에 대한 민사 배상은 충분히 가능하다는 것을 확인하고 있는 중이다!

아직 신청하지 않은 1만 2,900여 명의 제일저축은행 명의 도용자들은 금융소비자협회로 전화 주시라!! 지구가 멸망하는 날까지 소비자를 기망하는 금융사에 대한 처절한 응징을 멈추지 않을 것이다!

# 4

# 우리가 멍청해서 당한 줄 알았다
## - 보이스피싱 -

## 이제 그만 낚이자

보이스피싱이란 말 그대로 보이스로 낚시하는 거다. 즉 전화를 통해 불법적으로 개인정보를 빼내어 범죄에 사용하는 범법 행위다. 대한민국 국민이라면 누구나 한번쯤 은행이나 경찰, 행정 관청을 사칭하는 전화를 받아보았을 것이다. 최근에는 납치됐다거나 다쳤다는 긴급한 상황을 알리며 가족 행세를 하는 경우도 있다. 피싱 사이트를 개설해 정보를 빼가기도 하고, 유출된 신용정보를 이용해 아주 교묘하게 접근하기도 한다.

다행히도 최근에는 보이스피싱에 낚이는 경우가 조금씩 줄어들고 있는 것 같다. 하지만 범죄가 지속적으로 발생하다 보니, 관련 피해자의 수는 수만 명에 달하고 이들에 대한 보상 및 구제는 아직도 먼 나라 이야기다. 특히 작년 말에 일어난 카드론 보이스피싱 사태는 최근 정부가 마련한 대책의 시작점이 될 만큼 중요한 사건이었다. 마치 삼부파이낸스 사태로 인해 유사수신행위가 법으로 금지된 것과 비슷하다.

■ 보이스피싱 발생 추이

(단위 : 건, 억 원, %)

| 구 분 | '06~'09년 | '10년 | '11년 | | '12년(1~8월) | | 총계 | |
|---|---|---|---|---|---|---|---|---|
| | | | 합계 | 월평균 (a) | 합계 | 월평균 (b) | 합계 | 증감(율) (b-a) |
| 건 수 | 20,643 | 5,455 | 8,244 | 687 | 4,405 | 551 | 38,747 | ↓136(↓19.8) |
| 금 액 | 2,038 | 554 | 1,019 | 85 | 476 | 60 | 4,087 | ↓25(↓29.4) |

– 자료출처 : 경찰청


## 어느 날 갑자기 빚이 생겼다

카드론 보이스피싱 피해자의 대부분은 자신들의 신용카드에 카드론이라는 대출 서비스가 있는 줄도 몰랐다. 그러니 카드론 잔액을 정확히 알고 전화하는 범죄자들에게 고스란히 속을 수밖에 없었던 것이다. 이 사건은 2가지 쟁점을 가지고 있다.

첫째, 카드론이라는 대출 서비스를 계약하면서 소비자에게 전혀 고지하지 않았다는 것!

둘째, 통장에 있던 피 같은 돈을 사기 당한 것도 기막힌데 수백, 수천만 원의 빚까지 생겼다는 것!

그런데 카드사들은 보이스피싱으로 생긴 카드론 빚의 10% 정도(많게는 50%라고는 하지만 거의 대부분은 10%)를 깎아주고 보상을 했단다. 그런데 이건 절대 보상이 아니다.

사태가 이해되지 않는가? 다시 정리해보자.

내 통장에 100만 원이 있었는데, 그것을 사기 당했다. 은행이 여러 가지 사안을 감안해서 10만 원을 돌려주었다면 10만 원을 보상받는 것이 맞다. 그런데 은행이 임의로 제공한 서비스로 인하여 소비자에게 없던 빚 100만 원이 생겼다. 이 상황에서 보상이랍시고 10만 원 깎아주고 90만 원은 갚으라는 게 말이 된다고 생각하나?

여기서 사전적 설명 나간다. 적법한 행위에 의한 재산상의 손해를 보충하기 위하여 제공하는 대가가 '보상', 불법적 행위로 인한 손해나 손실에 대한 대가는 '배상'이다. 국어 공부부터 좀 하자.

"은행님들, 이건 보상이 아니고 그냥 날강도 짓이라고요."

| 보이스피싱 종합 대책 |

- 카드론 대출의 본인확인(SMS 인증) 절차 강화(2011. 12월)
- 카드론 지연 입금(300만 원 이상, 2시간 지연 입금) 시행(2012. 5월)
- 지연 인출제(300만 원 이상 이체금액 10분 후 인출)(2012. 6월)
- 공인인증서 재발급 시 본인확인 절차 강화 시범 실시(2012. 9월)
  (현행)보안카드 → (개선)보안카드 + PC지정, 전화인증, 문자메시지, 영업점 방문 중 택일
- 2012년 보이스피싱 상시 단속 실시
  (2012. 1~9월까지 9,722명 검거, 314명 구속)
- 금융감독원은 금융회사와 함께 보이스피싱 피해금 환급 특별법 시행
  - 「전기통신금융사기 피해금 환급에 관한 특별법」(2011. 9. 30일 시행)
  - 5개월 만에 피해자 6,438명에게 총 102억 원 환급 완료
    (최초 피해금이 환급된 '2011. 12. 23일부터 2012. 3. 7일까지 환급된 금액으로, 1인당 평균 1,600만 원, 최대 금액 6,700만 원)
  - 2012. 3. 7일 현재 환급된 102억 원 이외 5,518명(78억 원)에 대해서도 환급절차가 진행 중(금융감독원 홈페이지에 2개월간 공고 중)이며 순차적으로 환급 예정
- 보이스피싱이 의심된다면 무조건 112에 신고하는 것이 좋다.

# 5

# 먹튀는 여기에 있다
## - LIG건설 기업어음 사기발행 사건(2012년) -

## 부실 기업의 수호천사

2008년 미국의 서브프라임 사태를 시작으로 촉발된 글로벌 금융
위기 이후 국내 건설업계에는 불황의 그늘이 드리워졌다. 2011년
3월 LIG건설은 법정관리를 신청했다. 2012년 9월 25일엔 극동건
설이 150억 원의 기업 어음(CP)을 결제하지 못해 1차 부도를 냈고,
그 다음날 극동건설의 지급보증을 했던 웅진홀딩스와 극동건설이
동시에 법원에 법정관리, 즉 회생절차를 신청했다. 과연 무슨 일들
이 일어나고 있었던 걸까?

문제의 핵심은 자금이 부족한 건설사들이 그 자금을 조달하는 방법에 있다. 이런 부실기업들이 부도가 나기 직전까지 자금을 조달하는 방법이 바로 기업어음이다. 기업어음은 회사채보다 발행절차가 간편하고, 신용평가회사를 잘 구슬리면 신용등급을 높이는 것이 그리 어렵지 않기 때문이다. 금융기관으로부터 더 이상 대출이 불가능한 상황에서 자금을 조달할 수 있는 길이 열리는 거다.

더구나 고수익을 낼 수 있는 투자 상품으로 둔갑시키면 예금 금리보다 높은 상품을 찾는 어수룩한 투자자들에게 판매하는 것도 어렵지 않다. 증권사는 이러한 기업어음을 대부분 '특정금전신탁'이라는 방식으로 판매하고 있다. 특정금전신탁이란 운용 방법과 손실 부담을 모두 위탁자가 책임지는 상품으로 기업어음 매수에 따른 모든 수익은 위탁자에게 지급된다.

그런데 여기서 잠깐, 모든 수익이 위탁자에게 제공된다는 사실이 좀 의심스럽지 않은가? 우리는 이제까지 참 많이도 당해왔다. 그러면서 배웠다, 금융사들이 말하는 것을 그대로 들어서는 안 된다는 것을! 그러니 이 사실을 까뒤집어보자. 그럼 이렇게 된다.

"손실이 나면 전부 위탁자가 책임진다."

| 기업어음이란? |

기업어음(CP: Commercial Paper)은 신용 상태가 양호한 기업이 단기자
금 조달을 위해 자기신용을 바탕으로 발행하는 만기 1년 이내의 융통(融
通)어음(accommodation bill)으로, 간편한 발행절차와 신속성, 광범위한
투자수요와 익명성 등의 이점을 가지고 있다.

1972년「단기금융업법」제정에 따라 제도적인 기반이 마련되었고, 이후
각종 제도의 변화를 겪어오다가 1997년 7월 금리 자유화 조치와 함께
기업어음에 대한 최저만기(30일), 최저발행금액(1천만 원) 제한도 폐지되
었다.

기업어음은 금융기관이 할인하여 보유하거나 투자자에게 판매하는 방식
으로 거래되며 재유통되는 경우는 거의 없다. 기업어음은 두 개 이상의
신용평가기관에서 일정 수준 이상의 등급을 받은 기업만이 발행할 수 있
다. 기업어음의 최장 만기는 1년이며 증권사 할인의 경우에는 1억 원 이
상이다. 그 밖의 제한이 없어 통상 고액으로 발행되고 있다.


## 마지막 돈줄은 언제나 개미


기업이 자금을 조달하려면 주식이나 회사채를 발행하면 된다는
것은 상식이다. 그런데 그 과정이 좀 복잡하다는 거! '재무상태 실
사' '이사회 의결' '유가증권 신고' 등 복잡한 조건들을 충족시켜야
한다. 이는 해당 기업이 빌린 돈과 이자를 갚을 능력 및 책임감이
있는지 검증하는 절차다. 이 과정에서 '담보', '보증' 등 유사시 채

무상환을 보장하는 장치가 마련되기도 한다. 그런데 말이다. 기업 어음은 이런 절차가 전혀 필요 없다. 기업 입장에서는 감사할 따름이다.

그러면 투자자 입장에서는 어떨까? 투자자는 사실 해당 기업의 상환 능력을 '잘 알지 못하는' 상태에서 어떤 담보나 보증도 없이 돈을 빌려주는 것과 같다. 원금 손실 가능성이 대단히 높은, 매우 위험한 금융상품인 셈이다. 대신 기업어음 금리는 회사채 등에 비해 욕심날 만큼 높다. 그러니 이런 기업어음을 판매하는 금융기관은 그 위험성을 일반투자자가 이해할 수 있도록 설명해야 한다(자본시장법 제47조). 봐라, 법에도 나와 있지 않은가?

모든 문제는 이 지점에서 시작된다. 우리나라 증권사들은 금융 상품에 대한 설명의무, 적합성 원칙 등의 고객보호의무를 제대로 지키지 못하고 있다. 반면 객관적으로 확인되지 않은 사실을 강조하면서 상품의 안전성을 부각하는 데는 아마 전 세계 어느 금융기관 못지않은 실력을 발휘하고 있다.

기업이 금융기관으로부터 대출을 받아 사업을 영위하던 중 여러 원인으로 자금경색이 발생하고 부도 위험이 높아지면, 대출을 해준 금융기관은 자금을 더 조달해 주더라도 기업을 살리려고 한다.

왜? 같이 죽을 수는 없으니까! 그런데 금융기관도 기존 대출한도를 초과하여 대출을 해줄 수는 없는 노릇이다.

그래서 특별조치를 실시한다. 계열사인 증권사를 통해 기업어음을 판매하여 일반투자자의 자금을 모아 조달해 주는 것이다. 그러니 이 증권사들이 투자자들에게 이렇게 말하겠는가?

"이 기업은 지금 자금 경색이 왔고요, 오늘 내일 해요. 그런데도 투자하시겠어요?"

당연히 기업의 부정적 요인은 숨겨지고, 기업의 안전성이나 지주회사의 지급보증 내지 자산매각을 통한 자금조달 등 장밋빛 전망을 강조하게 된다.

기업은 기업어음을 발행해 조달한 돈으로 무엇을 할까? 대주주의 주요 담보를 회수하거나 계열사로부터 빌린 돈을 우선적으로 변제할 것이다. 왜 그렇게 부도덕하냐고? 부도를 내더라도 법정관리를 통해 채무를 동결시키고 자신의 경영권을 유지할 수 있기 때문이다!

열심히 기업어음을 판매한 증권사는 자신은 상품을 판 것이 아니라 특정금전신탁을 통해 중개한 것뿐이라고 책임을 회피하면 되고! 결국 모든 손실은 증권사로부터 투자 권유를 받고 안전한 상품인 줄 알고 투자한 일반투자자들이 떠안게 된다.

참 이상하지 않은가. 부실기업의 마지막 돈줄은 왜 항상 불쌍한 일반투자자냐고?


## 대기업은 사기도 크게 친다


우선 한참 시끄러웠던 LIG건설 사태부터 훑어보자. 이 회사는 2010년에 이미 단기차입금 1,800억 원, 총차입금 4,242억 원으로 통상적인 건설 사업만으로 재무 상태를 개선하기는 난감한 상황이었다.

사태가 심각하다고 판단한 LIG그룹은 2010년 9월부터 LIG건설에 기업어음 발행을 집중시킨다. LIG건설의 기업어음 발행 잔액은 1,836억 원, 이 중 개인 투자자 707명이 구입한 어음이 무려 1,300억 원에 이른다. LIG건설 사태의 핵심은 이렇게 조달한 자금으로 그룹의 피해를 최소화시킨 뒤 일정 시점에 고의부도를 냈다는 의혹이다. 이 기업어음을 중개했던 우리투자증권은 2011년 6월 자신들을 속였다며 LIG그룹 대주주와 LIG건설 경영진을 사기 혐의로 형사고발했다.

다음은 삼부토건이다. 삼부토건 역시 경영난을 감쪽같이 숨긴

채, 2012년 3월에만 기업어음 727억 원어치를 발행했으며 증권사 특정금전신탁 등을 통해 법인과 개인 투자자에게 판매했다. 현재 삼부토건은 기업회생절차(법정관리)를 신청한 것으로 알려져 있다.

이렇게 기업이 법정관리에 들어갈 경우 기업어음 투자자는 변제 순위에서 뒤로 밀리게 되어 피해액이 더 커지게 된다. 자칫 잘못하면 원금 손실도 볼 수 있는 상황이다.

마지막으로 비운의 극동건설 사례를 살펴보자. 한때는 하도급 순위 10위권 내에 들었던 극동건설은 외환위기를 넘기지 못하고, 1998년 부도 처리되어 법정관리에 들어갔다. 2003년 6월 1,700억 원에 론스타에 인수되었다가 2007년 웅진그룹의 지주회사인 웅진홀딩스에 6,600억 원에 재인수된다.

금융감독원과 한기평(한국기업평가)에 따르면 웅진홀딩스의 CP 발행 잔액은 지난 6월 말 1,089억 원에서 8월 말 1,290억 원으로 증가했다. 극동건설의 총 차입금 4.3조 원 중 금융권 신용공여가 3.3조 원, 공모회사채와 CP 등 비금융기관 차입금이 1조 원으로 투자자의 손실이 심각하게 우려되는 상황이다. 또한 극동건설의 상거래채권 규모는 2,953억 원으로 하도급업체 연쇄 부도 가능성도 제기되고 있다.

■ LIG건설 기업어음 사기발행 의혹 일지

| | |
|---|---|
| 2006년 11월 | LIG그룹, 건영건설 인수해 LIG건영 설립 |
| 2009년 6월 | 한보건설 인수한 뒤 회사 이름을 LIG건설로 변경 |
| 2010년 9월 | 기업어음 본격 발행 |
| 2011년 3월 21일 | LIG건설, 법정관리 신청 |
| 6월 15일 | LIG건설, 기업어음 피해자들로부터 형사고발 |
| 8월 15일 | 증권선물위원회, 형사고발 |
| 2012년 9월 19일 | 검찰, LIG그룹 압수수색 |
| 10월 17일 | 구자원 회장 아들 형제인 본상, 본엽 씨 검찰 소환 출석 |

– 자료출처 : 한겨레신문


# 늘 있는 놈들이 더 한다

앞의 모든 사례들을 살펴보면 부실기업의 마지막 단계에 자금을 댄 것은 역시 일반투자자다. 그 돈으로 웅진홀딩스는 극동건설의 인천 구월동 PF 사업장 관련 채무 1,200억 원을 조기 상환했다. 짐작하듯이 해당 채무는 웅진에너지와 웅진씽크빅 등 계열사에서 차입한 것이다. 결국 웅진의 윤 회장은 기업어음을 발행하여 자신의 계열사에 돈을 갚은 셈이다.

일반투자자 입장에서는 이보다 더 분통 터지는 일이 없다. 증권사를 찾아가 항의를 하면 그들은 앵무새처럼 이렇게 말할 것이다. "우리도 피해자라고요!" 우리투자증권이 조만간 웅진홀딩스와 극동건설 그리고 윤 회장을 고소할 것이다. 작년 LIG건설 부도 사태 때 그랬던 것처럼 말이다. 그런데 아무리 고소를 한다고 쇼를 해도, 그들이 진짜 피해자라고 생각할 사람은 아무도 없다.

도대체 정부나 금융감독기관은 무엇을 하고 있는 걸까? 2011년 LIG건설이 부도났을 때, 금융감독원이 증권사의 불완전판매에 대해 강력한 조치만 취했더라면 적어도 이번 부도사태로 인한 일반 투자자들의 피해는 최소화할 수 있었을 거다. 우리나라 금융감독기관은 감독기관이 아니다. 애초에 감독을 할 생각도 없었던 것 같다.

이런 멍멍이 같은 일은 돈이 필요한 부도덕한 발행기업, 부도 직전 회사도 투자적격 등급으로 평가해주는 엉터리 신용평가사, 투자자의 피해는 관심이 없고 오로지 매출에만 관심이 있는 증권사가 합작하여 벌어진다. 여기에 금융감독원이 감독을 하는 척 하면서 방치해주면 완벽한 시나리오가 갖춰지는 거다.

하지만 한 번은 당해도, 두 번은 아니다. 법원도 한 번은 속였지만 두 번은 안 될 것이다. 이번에 금융감독원이 어떠한 조치를 취할지, 법원이 어떤 판결을 내릴지 눈 부릅뜨고 지켜볼 테다!

# 4부

# 금융소비자를 위한
# 특별 교양교육

# 1

# 민자사업은 대부분 삽질이다

## 금융족과 토건족의 만남

요즘 언론에서 민자사업 유치한다는 얘기 많이 들었을 거다. 민자사업이란 말 그대로 민간의 자본으로 하는 사업이다. 오래전부터 정부 몫이었던 도로, 철도, 학교, 하수시설 등 사회기반시설을 민간이 대신하여 건설하고 운영한다는 뜻이다.

그러면 왜 정부는 자기들이 안하고 민간에 맡기는 걸까? 민간자금을 끌어들여 부족한 재정을 보완하고, 민간기업의 효율성과 관리 능력을 도입하기 위해서란다. 1994년 사회간접자본시설에 대한 민자유치촉진법이 제정되면서 이듬해인 1995년부터 민자사업이 시행되었다. 인천국제공항 고속도로나 서울외곽순환 고속도로, 서울-춘천 간 고속도로 등 대형 프로젝트뿐 아니라 노후화된 학교, 군 숙소, 하수시설 등 국민생활에 필요한 기반시설까지 다양한 민자사업이 이루어지고 있다.

그런데 내가 왜 뜬금없이 민자사업 얘기를 꺼낼까? 눈치 챘는가? 이쪽 구멍으로도 당신들의 귀한 돈이 새고 있다는 거다. 자, 언제 얼마만큼의 돈이 여기에 퍼부어졌는지 검색 들어가자. 난 주로 다음을 이용하는데, 사실 검색은 네이버가 갑이다. 구글은 왠지 어렵다.

검색을 통해 2001년부터 2009년까지 감사원 자료를 찾았다. 최신 자료는 아니다. 하지만 이것만 봐도 돈이 얼마나 들어갔는지는 충분히 알 수 있으니까 넘어가자. 아무튼 이 기간 동안 "최소 운영수입 보전금"이라는 명목으로 21조 원이 지급됐다고 한다. 21조!! 천문학적인 숫자다. 그런데 더 기막힌 것은 2010년부터 2040년까지 18.8조 원 이상이 추가로 지급될 예정이란 거다.

사정을 이해하기 위해서는 최소 운영수입 보전금이 뭔지 알아야 한다.

한마디로 '사업 운영을 통해 최소한 이 정도는 벌어야 되겠다'라고 민간사업자가 정한 가이드라인이다. 그런데 웃기는 건 이 가이드라인을 민간사업자 자신이 정한다는 거다. 당연히 자기들 유리한 대로 콜!! '최소 운영수입 보전금'을 살짝 높여 놓으면 정부가 수익을 알아서 척척 보전해주는데, 뭐하려고 피터지게 경쟁하고 머리를 쓰냐고요.

실질적으로 흑자가 나더라도 애초에 높여 놓은 최소 운영수입 보전금 때문에 장부상으로는 늘 적자다. 보통의 민자사업들이 왜 계약기간 내내 적자인지 이제 알았겠지? 그냥 쉽게 뽑아먹겠다는 거다! 투자금액 대비 수익성을 따져보겠다는 생각은 애초에 없다.

양심은 안드로메다로 보냈다.


## 밥그릇 챙기기 대혈투

기업이 자기 밥그릇 챙기는 것은 뭐, 당연하다. 무조건 돈을 벌 수 있는 구조인데 누가 마다하겠는가? 이상한 건 정부다. 정부는 왜 수익 보전을 해가며 민자사업을 하는 걸까? 민자사업의 계약기간은 보통 30~50년이고, 계약기간이 끝나면 정부가 인수한다.

그런데 사실 30년 이상 사용하면 어떤 건설 프로젝트든 리모델링 아니면 재건축을 해야 한다. 정부가 인수할 틈이 없다. 리모델링 프로젝트를 또 다시 민자사업으로 해야 하니까.

이건 도대체 어떤 시추에이션일까? 민간 자본을 끌어들여 부족한 재정을 보완한다면서 오히려 거기다 돈을 쏟아붓고 있다. 그럴 거면 그냥 처음부터 정부가 하고 말지!! 아무래도 민자사업을 해야 할 이유가 있는 건 확실한데, 그게 뭔지는 높은 분들만 아나보다.

이제 민자사업, 민영화, 이렇게 '민' 자가 들어간다고 무조건 좋은 게 아니란 건 잘 알거다. MB정권을 겪으며 뼈저리게 느꼈을 거다. 기업들이 암암리에 담합해버리면 민자사업은 쓰레기가 된다. 그리고 중요한 건, 이 민자사업에 금융사들이 포함되어 있다는 거다. 돈 되는 건 무조건 하는 게 금융이다. 그런 금융사들이 건설사를 끼고 컨소시엄을 구성해 들어오는 것이다. 물론 해외사모펀드도 많다. 혹시 맥코이란 영화 봤나? 부도덕과 탐욕의 막장을 보고 싶다면 그 영화를 찾아서 봐라. 아니, 그럴 필요도 없겠다. 우리에겐 실시간 중계되는 론스타가 있으니까!

금융은 모피아가 장악해 금융관료들이 설치고, 이 바닥은 토건관료들이 똑같이 해먹고 있다. 규제되지 않는 금융은 독버섯처럼 사회 전반에 악영향을 미친다. 그 와중에 관료들은 눈 먼 돈 먹겠다고 또 아우성이다. 아, 대한민국! 진짜 아찔하지 않나? 금융족에 토건족에 금융관료, 토건관료까지, 물론 그중 최고는 금융족속들이다.

아직도 민자사업 따윈 나와 상관없는 일이라고 생각하나? 당신들 주머니에서 나간 돈이 여기에 빨려 들어가고 있는데도? 제발 당신들 돈에 관심을 좀 가져라! 부탁이다!

# 2

# 신용불량자를 2번 울리는
# 신용회복제도

## '금융채무불이행자'의 탄생

앞서도 설명했듯이 '신용불량자'가 '금융채무불이행자'로 이름을
바꿨다. 아직 새로 바뀐 이름이 입에 붙지 않는다. 신용불량자와
금융채무불이행자를 혼동해 쓸지도 모르니, 어쨌든 찰떡같이 알아
듣기 바란다. 현재 신용불량자를 구제해주는 제도에는 법원을 통
한 개인회생 및 파산, 신용회복위원회를 통한 워크아웃과 프리워
크아웃, 한국자산관리공사의 희망모아 등이 있다.

미국의 유동성 금융 및 실물경제 위기가 동전의 양면으로 표출

되면서 한국 경제는 지금 구조적 모순에 직면하고 있다. 작년 한 해에만 취업자가 7만여 명 감소했으며, 40여만 명의 자영업자가 문을 닫았다. 호환, 마마보다 무서운 실업대란이다.

비경제활동인구는 작년보다 50만 명이나 증가했다. 통계청도 '사실상 실업자'가 330만 명 정도라 추정하고 있다. '실업'에 해당 되는 사람이 330만 명으로, '쉬었음'에 해당되는 비경제활동인구 가 100만 명에 근접한 것이다. 사실상 실업자는 통계청의 공식적 통계에 잡히지는 않지만 거의 실업과 다름없는 상태에 있는 사람 까지 포함한 광의의 실업자를 말한다.

실업자, 비정규직, 몰락한 자영업자들은 생계에 압박을 받게 되 고, 대출이라도 받아야 하는 상황에 처했다. 그런데 이들은 돈을 갚을 능력이 없다. 따라서 '장기 채무불이행'이라는 신용위기가 오 게 되었고 개인회생, 파산 등도 급증했다.

■주요 신용회복 지원제도 비교

| 구분 | 개인파산 | 개인회생 | 워크아웃 | 프리워크아웃 | 희망모아 (배드뱅크 후속편) |
|---|---|---|---|---|---|
| 운영 주체 | 법원 (www.scourt.or.kr) | | 신용회복위원회 (www.crss.or.kr) | 신용회복위원회 (www.crss.or.kr) | 한국자산 관리공사 등 (www.badbank.or.kr) |
| 시행 시기 | 1962. 1. (1997. 5. 최초의 개인 파산선고) | 2004. 9. | 2002. 10. | 2009. 4 | 2005. 5. |
| 대상 채권자 | 제한 없음 | 제한 없음 | 협약가입 금융기관 | 협약가입 금융기관 | 협약가입 금융기관 |
| 대상 채무자 (신청 요건) | 지급 불능 | 지급불능 또는 지급불능의 우려가 있는 일정소득의 근로자 또는 자영업자 | 연체등록 채무자로서 최저 생계비 이상의 수입이 있는 자 | 1~3개월 연체자 | 연체등록 채무자 |
| 조정 (탕감) 되는 채무 상한 | 제한 없음 | 담보채무 10억 원 무담보채무 5억 원 | 5억 원 | 2개 금융사 이상, 5억 원 미만인 자 | 5천만 원 |
| 채무 탕감 정도 | 채무 전액 | 5년간 변제 후 남은 채무 전액 | 이자만 면제 (상각채권에 한해 원금의 1/3까지 감면 가능) | 연체이자만 감면 | 이자 면제 8년 이내 원금상환 |
| 신용 정보 중 연체 정보 해제 시기 | 면책 결정 시 | 변제계획 인가 시 | 신용회복지원 확정 시 | 신용회복지원 확정 시 | 대부승인 결정 시 |

# 한 집에 빛이 4,213만 원

지난 2006년 말 5개 카드사의 연체율은 5.53%였으나 해가 갈수록 높아지고 있다. 게다가 가계대출은 계속 증가세를 유지하고 있다. 2012년 4월 현재, 가계대출 잔액은 519조 7,910억 원으로 전월보다 0.5% 증가했다.

문제는 2가지로 정리된다. 첫째는 가계가 자금 압박을 받으면서 연체율이 증가하고 있는 것! 둘째는 주택담보대출을 받아 가계 생활비로 쓰고 있다는 것! 금융권에 따르면 올해 1분기 주택담보대출 부도율은 2.55%로 최근 1년 내 가장 높은 수준을 보였다. 가계대출이 증가하면서 이자 부담도 사상 최대다. 통계청에 따르면 올 1분기 가구당 이자 부담은 전년 동기보다 17.1% 상승했다. 지표로만 보면 확실히 위기다!

금융회사 대출은 2012년 2분기, 5조 5,000억 원에 이른다. 대한민국 한 가구당 4,213만 원씩, 1인당 1,462만 원의 빚을 지고 있는 셈이다. 반면 한국은행 자료(2012년 9월 6일)에 따르면 2012년 상반기 명목 국민총가처분소득은 502조 797억 원으로 지난 해 같은 기간 501조 2,095억 원보다 0.2% 증가하는 데 그쳤다. 그런데 가계의 부채상환 능력을 보여주는 가처분소득 대비 금융부채 비율

은 2012년 6월 현재 1.43(추정치)으로, 금융위기를 겪었던 2008년
(1.40)보다 더 높아졌다. 2000년 통계 작성 이래 최고치를 기록한
거다. 가처분소득이 100만 원인데, 부채가 140만 원! 어떻게 살아
야 하나······이런 상황이니 원금은 고사하고 이자도 갚지 못해 채
무 재조정을 신청한 사람이 2011년 20만 명을 넘어섰다. 채무 재
조정이란 이자 감면과 원금 상환기간 연장 등을 말한다. 현재 채무
불이행으로 은행 대출을 받을 수 없는 신용등급 7등급 이하가 8백
만 명에 달하는 것으로 추산된다. 금융권에 따르면 2011년 신용회
복위원회와 자산관리공사(캠코)의 신용회복 지원 프로그램 신청자
가 20만 1,700여 명으로 집계되었다고 한다.

이 중 신용회복위원회가 운영하는 개인워크아웃과 프리워크아
웃 신청자는 각각 9만 3,283명과 8,431명으로, 총 10만 1,714명이
었다. 특히 채무 이자를 3개월 이상 못 갚아 '워크아웃'을 신청한
신용불량자는 2006년 이후 가장 많았다. 연도별 신청자 수를 살펴
보자. 2006년 8만 5,826명, 2007년 6만 3,706명, 2008년 7만 9,144
명, 2009년 9만 3,283명!
10만 명 가까운 사람들이 울고 있다!!

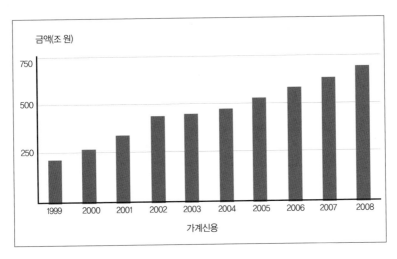

■ 가계신용동향

금액(조 원)

750

500

250

1999  2000  2001  2002  2003  2004  2005  2006  2007  2008

가계신용

– 자료 출처 : 한국은행 e나라지표


## 면책된 것도 아니고, 안 된 것도 아닌

개인회생이나 파산 신청 후, 면책을 받았다고 해서 웃을 수가 없다. 면책자를 금융범죄자인 양 취급하는 소위 '특수기록코드'가 있기 때문이다. 무시무시한 이름, 특수기록코드로 개인신용정보를 5년간(7년에서 이번에 축소) 보관하면서 각종 위법적 불이익과 인권 침해를 하는 것이다.

법률적으로는 분명히 면책을 받았는데 사실상 면책이 되지 않은 거다. 이는 위헌적 소지가 다분해 은행연합회를 대상으로 파산면 책자들이 집단 손해배상 소송을 제기한 상태다. 공공정보(구 특수기록. 개인회생 1301, 개인파산 1201, 워크아웃 1101)란 이름으로 면책 이후에도 면책의 법률적 효과를 주장할 수 없는 거다.

면책자들은 향후 5년간 일반 은행에서 돈을 빌릴 수가 없다. 국가가 보증을 서는 영세민 전세자금이나 영세 자영업자 창업대출 등 복지성 대출 대상에서도 제외된다. 당연히 미소금융 지원 대상도 안 된다. 그 뿐만이 아니다. 주식 거래 시에도 제한을 받게 된다.

학자금 대출도 안 돼, 보증도 설 수 없어, 휴대폰 신규 개통도 안돼, 차도 렌트할 수 없어……! 사는 게 사는 거 같지 않을 거다. 도대체 뭐가 면책이 되었다는 걸까? 누가 대답 좀 해주라.

## 누가 나의 신용을 평가하나

신용 우량과 신용 불량의 차이는 뭘까? 당연히 평가 기준이 있을 거다. 각 국가는 나름대로의 개인신용평가시스템(이하 CSS : Credit

Scoring System)을 갖고 있다. 금융소비자의 인적 정보와 각종 신용정보를 항목별로 점수화하여 대출 가능 여부 및 금액, 금리 등을 전산시스템에서 판단하는 거다.

신용정보를 제공하는 기관(CRA : Credit Reporting Agency)은 민간 신용정보기관(CB : Credit bureau)과 공적 신용정보기관(PCR : Public Credit Registry)으로 구분된다. CB는 개인의 신용거래 내역 및 관련 정보를 모아 신용 공여기관 또는 개인에게 제공한다. 반면 PCR은 금융회사의 신용공여정보를 법적, 제도적으로 집중 공유하는 시스템이다. 뭐 이런 것까지 알아야 하냐고? 그렇다, 알아야 한다! 내 권리를 지키려면 안 쓰던 머리도 가끔은 써야 한다. 그럼 계속해보자.

CB는 개인의 신용정보를 자율적 협약에 의거하여 수집하며 정보수집 대상기관도 금융회사뿐만 아니라 통신회사, 공공기관 등으로 다양하다. 수집정보도 불량정보뿐만 아니라 우량정보, 공공기록정보, 비신용정보 등으로 다양하다. 쉽게 말해 휴대폰 요금을 연체한 정보와 대출금을 잘 갚고 있다는 정보까지 리스트에 올라간다는 거다.

이에 반해 PCR의 정보수집은 주로 은행에 한정되며, 공유되는 정보의 범위도 연체정보, 거액여신 대출 등 최소한도의 정보에 국한된다. CB산업의 특성상 국가별 경제규모와 상관없이 소수의 기관이 참여해 독과점 형태를 취한다. 미국, 영국, 일본 신용정보 선진국에서도 PCR을 포함한 전체 CB가 2~3개 정도에 불과하다.

세계은행이 2000년 실시한 설문조사에 의하면, 응답국가 133개국 중 55개국에서 민간 CB가 운영되고 있으며 71개국에서 PCR이 운영되고 있다. PCR은 1934년 독일에서 세계 최초로 설립된 이래, 유럽대륙 국가들의 상당수가 현재 PCR을 보유하고 있다. 또한 의외로 중남미 지역에서 PCR이 발달되어 있는 것을 볼 수 있다. 이정도 용어만 알아도 신문기사 보기가 훨씬 쉬워질 거다.

| 구분 | | PCR | PCR + CB | CB |
|---|---|---|---|---|
| 데이터 | | 부정적 정보 | 부정적+긍정적 정보 | 긍정적 정보 |
| 미주 미주 | 북미 | – | 멕시코 | 미국, 캐나다 |
| | 중남미 | – | 브라질, 아르헨티나, 칠레, 페루, 컬럼비아, 베네수엘라, 볼리비아, 파라과이, 우루과이, 에콰도르 | 파나마 |
| 유럽 유럽 | 서유럽 | 프랑스 | 독일, 이탈리아, 오스트리아, 벨기에, 스페인, 포르투갈 | 영국, 아일랜드, 스위스, 네덜란드, 스웨덴, 노르웨이, 핀란드, 덴마크 |
| | 동유럽 | 불가리아, 슬로바키아 | 루마니아, 터키, 리투아니아 | 체코, 폴란드, 헝가리, 카자흐스탄, 에스토니아 |
| 아시아 아시아 | 동아시아 | 베트남, 몽골 | 한국, 인도네시아, 말레이시아, 싱가포르 | 일본, 홍콩, 태국, 필리핀 |
| | 서아시아 중동 | 바레인 | 사우디아라비아, 파키스탄, 요르단 | 인도 |
| 오세아니아 | | – | – | 호주, 뉴질랜드 |
| 아프리카 | | 앙골라, 모잠비크 | 이집트, 모로코, 튀니지, 세네갈, 나이지리아 | 남아공, 케냐 |

– 자료 출처 : 한국신용평가정보(2003)

# 우리나라 신용평가기관 알아두기

한국신용정보(이하 NICE), 코리아크레딧뷰로(이하 KCB), 한국신용평가정보(이하 KIS)…… 어쩐지 안면이 있지 않나? 앞서 말한 것들이 내가 이제까지 설명해준 CB다. CB 중에서도 영리를 목적으로 하는 기업형 CB라는 거다. 영리 목적의 CB가 있다면 비영리 CB도 있겠지. 대표적 비영리 CB가 전국은행연합회다.

NICE의 특징은 상대적으로 많은 상호저축은행 및 새마을금고 등과 컨소시엄을 구성하고 있다는 거다. KIS는 대부업체와 컨소시엄을 구성하고 있다는 게 특이하다. KCB는 2005년 2월 국내 대형 금융기관들이 공동으로 출자하여 설립한 CB로, 우량 정보까지 확보하고 있으나 짧은 역사 때문에 금융기관이 이용할 수 있는 다양한 형태의 정보가 제공되고 있지 않다.

여기서 '신용정보관리규약' 제3조를 살펴보자. 전국은행연합회를 의무적인 신용정보 집중기관으로 명시하고 있어, 사실상 PCR의 형태로 운영되고 있음을 알 수 있다. 특히 전국은행연합회는 소유구조 및 지배구조 측면에서는 민간 CB에 가깝고 법 제도적 근거에서는 외국의 PCR과 비슷하여 양면성을 지니고 있다.

사실상 전국은행연합회는 PCR의 역할을 한다고 보는 게 맞을 것이다. '신용정보관리규약'에 의해 신용정보를 강제 집중하나 단순조회만 가능하기 때문이다. CB의 특징이라면 협약체결 등으로 신용정보를 수집하고, 이를 가공·평가할 수 있다는 거니까.

## 한 번 불량이면 영원한 불량

사실상 PCR의 역할을 하는 전국은행연합회는 은행들의 약속에 불과한 '신용정보관리규약'에 의해 운영되므로 공적인 역할에 한계가 있다. 은행 입장에서야 자기들의 경제적 손실을 최소화하는 것이 목적이니 우량정보는 제외하고 불량정보 중심으로 축적되고 교환되는 게 당연하다. 우량정보는 공유가 되지 않는 상태에서 불량정보만을 중심으로 고객의 신용상태를 관리하기 때문에 한 번 하락한 등급이 다시 상승하기는 참으로 어렵다.

좀 더 쉽게 설명을 해보자. 은행으로서는 고객의 신용등급이 위험성의 척도다. 대출해주거나 신용카드를 발급해주지 않을 빌미로 이용되는 거다. 특히 연체 경력이 있는 서민들이 달가울 리가 없다보니 소득구조 자체가 취약해 금융소비가 불안정한 서민층은 은행

문턱을 넘지 못하고, 결국 사금융의 길로 내몰린다. 고금리의 사금융을 쓰게 되면, 금융소비는 더 불안해진다. 신용등급이 점점 더 하락하는 지옥의 악순환이 반복되는 거다.

이제 각론으로 들어가보자. 얼마 전까지만 해도 50만 원을 5~10일 연체하기만 해도 금융기관들의 블랙리스트에 올라갔다. 다행히 그 기준은 200만원, 3개월 연체로 완화되었다. 또 채무불이행 상태에서 대환대출 등을 통해 변제가 장기간 잘 진행되거나 변제가 완료되었음에도 불구하고 계속 저(低) 신용등급으로 관리한다는 거다. 당연히 신용카드를 쓸 수 없고, 대출을 받을 수 없다. 채무불이행자들이 채무불이행 상태에서 벗어날 경우 모든 정보는 일괄삭제되어야 하는 게 맞다.

또한 카드 사용 경력이 없거나 금융거래 실적이 상대적으로 짧은 장애인들의 경우, 저 신용으로 평가되어 신용등급에 불이익을 받게 된다. 실제로 A신용정보사 자료에 따르면 성실 상환자로서 신용회복위원회의 상환정보에서 삭제된 1,360명을 대상으로 신용등급을 조사해본 결과 4등급 0.1%(1명), 5등급 5명(0.4%), 6등급 61명(4.5%), 7등급 651명(47.9%) 등으로 나타났다.

채무상환정보는 금융기관, 기업, 공공기관 등이 보유하고 있는 대표적 우량정보다. 하지만 현재 연체정보 등 불량정보만을 공유하고 있는 상황이다 보니 연체했을 경우 신용등급 하락은 빠른 반면 성실히 상환하더라도 신용등급 회복은 상당히 느리다. PCR이라는 공적체계를 활용해 은행들이 의무적으로 우량정보를 반영하도록 강제해야 할 것이다. 그냥 놔두면 은행들은 백년이 지나도 바뀌지 않는다.

파산면책을 받으면 신용불량에서 해방일까? 천만의 말씀이다. 이번에도 역시 「신용정보관리규약」이 문제다. 법률에 의해 면책을 받은 사람이 사기업의 자체 규약에 의해 불이익을 받는 위법적인 상황이 벌어지고 있는 거다. 5년 동안이나 신원보증과 신용생활에 불이익을 초래하는 공공정보 자체가 위법이다.

많이 양보해서 정보를 보존한다고 치자. 채무조정을 받은 사람들의 금융 제재가 풀리는 '2년간의 성실한 상환'과 비례하여 그 기간을 2년 정도로 축소하는 것이 상식적일 것이다. 신용정보는 공적 기관에 의해 엄격하게 관리되어야 한다. CB사와 일반 금융업체가 개인정보를 손쉽게 공유한다는 게 말이 되냐 말이다!!

## 제발 이렇게 좀 하자

지금의 신용평가제도는 어떤 방향으로든 개선되어야 한다는 것이 나의 생각이다. 물론 당신들도 그렇게 생각하리라 믿는다. 그러면 내가 정리한 7가지 개선 방안을 음미해 보라.

* 현재 PCR 역할을 하는 전국은행연합회의 신용정보 집중업무를 한국은행이나 금융위 등의 공공기관으로 가져와 공적 PCR제도 중심으로 개편하자. 즉 우량정보와 불량정보를 아우르는 종합적 정보 영역과 유통 정보 평가 영역으로 2분화 하자!

* 현행대로 CB사가 신용정보를 가공, 평가하도록 하되 공적기구 인 PCR의 정보관리, 감독기능과 신용등급평가 기준 설정 권한 을 규정하여 CB사가 자신의 이익만을 위해 부정적 평가방식을 사용하는 것을 통제하자!

* 신용등급 산정 과정 공개 요청 및 등급 산정에 대한 이의신청에 대하여 '법률 규정에 의한 공공기관'이 책임지고 법 절차에 의해 처리하도록 하자!

＊개인파산자, 회생자 등의 공공정보 보전 기간을 2년으로 축소하고, 금융권 이용 시 불리한 개인의 정보는 개인의 동의가 있을 때만 사용이 가능하도록 규정하자!

＊불리한 공공정보 대상자의 경우에도 PCR의 공적 관리 하에, 제한된 한도 내에서 신용카드를 사용하거나 대출을 받을 수 있도록 시스템을 전환하자!

＊채무불이행자의 변제실적, 소득원 복귀 등 변화된 우량정보 등도 확보하게 하여 저(低) 신용등급 상태에서 정상적인 신용등급으로 조속히 복귀하도록 하자!

＊인권침해 우려가 있는 추심업무는 공적인 신용등급을 평가하는 CB사가 병행하도록 하고, 주요한 정보를 다루는 업무를 하청이나 비정규직들이 처리하지 못하도록 하자!

# 3

# 넥슨의 머니 게임

## 넥슨을 돈슨이라고 부르는 이유

돈슨이라고 들어봤나? 요즘은 초딩들도 넥슨을 돈슨이라 부른다. 넥슨이 어떻게 게임업계의 삼성이 되었는지 얘기해보려 한다. 그런데 삼성이 되었다는 것이 좋은 얘길까, 나쁜 얘길까? 아무튼 들어봐라. 지금부터 시작이다.

넥슨은 네오플, 엔도어즈, 게임하이, JCE와 대만의 감마니아 등 국내외 게임회사를 M&A(인수·합병)하면서 급성장하였다. 현재 국내에만 17개의 계열사를 거느리고 있다. 2012년 6월에는 넥슨재팬이 엔씨소프트의 최대주주가 되었다. 게임업계에서는 이 사태를 삼성과 LG의 합병이라고 비유하고 있다. 우월적 지위를 갖고 있던 넥슨이 사실상 절대적 지위를 가지게 된 것이다. 그런데 이상하지 않은가? 넥슨이 살벌한 M&A를 통해 재벌로 성장하는 동안 어떠한 견제도 받지 않았다는 거다. 넥슨은 지금도 비밀에 가득 싸인 폐쇄적인 회사다. 그렇게 버는 동안 사회공헌도 별로 하지 않았다.

넥슨은 2011년 3월 넥슨코리아로 사명 변경, 2011년 12월 넥슨재팬 일본 증시 상장에 이어 본사를 일본으로 이전하였다. 넥슨재팬은 넥슨코리아의 주식 100%를 보유하고 있어, 한국에서 창업하고 성장한 넥슨이 일본 법인을 모(母)회사로 하는 납득이 안 되는 이상한 지배구조를 만들었다. 뭐가 모회사고 뭐가 자회사인지 헷갈리기 시작하는 거다.

2012년 7월 금융소비자협회와 투기자본감시센터는 넥슨의 행태를 감시·비판할 것을 선언했다. 일본의 넥슨재팬이 넥슨코리아의 막대한 수익을 먹고 튀지 않도록, 또 투명한 경영과 적극적인 사회공헌을 하도록 투쟁하고 있다. 넥슨의 지배구조, PC방의 수탈적 불공정거래, 인수합병 후 '1만 대 1' 주식병합으로 소액주주 강제퇴출 등 넥슨의 행태를 전형적인 투기자본의 탐욕으로 규정하고 성명서를 발표하고 기자회견을 개최했다.

이런 투쟁에 가장 적극적으로 움직인 것이 바로 한국인터넷PC 방협동조합이다. 얼마나 당했으면 그랬을까? 그들은 PC방의 오과금 문제, 낙전 수입, 불공정 약관, 게임 끼워팔기, 비가맹 PC방 IP 차단 등 수탈적 불공정거래에 맞서 기자회견, 집회 등을 통해 수년 동안 싸우고 있다. 넥슨의 반응은 뭐, 예상한 대로였다. 근본적인 대책은 외면한 채, 여론악화를 막기 위해 '소규모 PC방(1천 개) 요금 50% 감면' 등 지원책과 '초당 요금제 검토' 등 형식적인 대응만 하고 있다. 너희들은 "짖어라"다!

금융소비자협회, 투기자본감시센터, 한국인터넷PC방협동조합은 공동투쟁을 선언했다. 국회 차원에서 넥슨의 지배구조에 문제를 제기하고, 낙전 수입이 없는 표준요금제 즉각 실시와 그동안 싹쓸이해간 낙전 수입에 대한 사회공헌기금 출연과 장학금 지급을 요구했다. 또 오과금의 근본적인 해결촉구 등 불공정한 거래에 대한 근본적인 대책마련과 함께 게임업계 전체의 불공정한 약관을 개정하여 진정한 상생을 위한 '표준약관' 도입을 촉구했다. 약탈적인 '1만 대 1' 주식병합의 제도적 보완과 이 과정에서 소액주주의 피해보상을 위한 집단소송 운동 등도 하고 있다.

넥슨의 탐욕은 시대정신으로 부각한 경제 민주화에 역행하는 것이다. 게임업계의 제국인 넥슨의 아주 아주 이상한 지배구조로 인해 나랏돈이 유출되고, 이용자들이 부당한 피해를 입고 있다. 게임 좋아하는 당신들, 물론 나도 포함이다. 게임할 때는 하더라도 최소한 우리가 어떤 불이익을 당하고 있는지는 알자는 거다.

## "넥슨은 한국 회사가 아니므니다~"

넥슨의 모(母)회사인 넥슨재팬은 2011년 12월 일본 증권시장에 상장되었다.

자(子)회사로 넥슨코리아, 넥슨아메리카, 넥슨유럽의 법인을 두고 있다. 완전 해가 지지 않는 나라다. 넥슨재팬이 넥슨코리아를 포함하여 해외 넥슨을 총괄하는 본사가 되었고, 넥슨코리아는 한국 법인으로 무려 17개의 계열사를 소유하고 있다. 항간에는 넥슨이 일본 회사인지, 한국 회사인지 모르겠다는 소리들이 나오고 있다. 기업 활동으로 보면 한국 회사인데, 지배구조로 보면 그냥 일본 회사다. 애네들은 왜 이러는 걸까? 복잡한 사정은 모르겠지만 그 이유는 뭐니 뭐니 해도 '머니'일 거다.

■ 한 눈에 보는 넥슨의 지배구조

| 회사명 | 대주주 | 주식보유 | 비고 |
|---|---|---|---|
| ㈜NXC | 김정주 | 48.50% | 1989. 12. 29 법인설립, 대표이사 김정주<br>(주)넥슨홀딩스에서 2009. 3. 31 상호변경 |
| | 유정현(처) | 20.71% | 1989. 12. 29 법인설립, 대표이사 김정주<br>(주)넥슨홀딩스에서 2009. 3. 31 상호변경 |
| | 계 | 69.21% | |

| 회사명 | 대주주 | 주식보유 | 비고 |
|---|---|---|---|
| (주)넥슨재팬 | ㈜NXC | 78.74% | 2011. 12 일본 증시에 상장<br>해외법인 총괄본사 |

| 회사명 | 대주주 | 주식보유 | 비고 |
|---|---|---|---|
| ㈜넥슨코리아 | 넥슨재팬 | 100% | |

- 1989. 12. 설립된 (주)NXC는 2005. 10. 게임 부문 물적 분할 실시
- 2011. 03. ㈜넥슨코리아로 사명 변경

| 년월 | 계열사 | 지분(%) | 취득가액<br>(억 원) | 매도자 |
|---|---|---|---|---|
| 2004년 | (주)위젯 | – | – | – |
| 2005년 | (주)넥슨모바일 | – | 52 | – |
| 2008년 | (주)네오플 | 100 | 3,852 | NHN – 40.85% 903억 원<br>㈜네오플 허민 대표 등–59.15% 2,949억 원 |
| 2009년 | (주)코퍼슨스 | 100 | 328 | |
| 2010년 | (주)엔도어즈 | 97.29 | 2,075 | 권성문 등 – 약 67% – 주당 약 13,000원 |
| 2010년 | (주)게임하이 | 57.07 | 1,436 | 코스닥 상장사 |
| 2011년 | (주)JCE | 16.34 | 745 | 코스닥 상장사 |

- (주)넥슨코리아의 지분법 적용 대상 회사는 상기사 포함 총 17사임

이제 지배구조를 들여다보자. 넥슨재팬은 (주)NXC가 78.74% 의 주식을 가진 대주주고, (주)NXC는 김정주 회장과 부인이 69% 의 주식을 보유한 대주주다. 한 다리 걸치긴 했지만, 넥슨은 사실 상 김정주 회장이 경영하고 있는 1인 왕국이라는 뜻이다. 그런데 김정주 회장은 (주)NXC의 대표이사로 넥슨을 지배하고는 있지만, 넥슨코리아나 넥슨재팬 등에 등기이사로 되어 있지 않다. 권한만 있고 책임은 지지 않겠다는 거다. 김정주 회장님, 이래도 되는 겁니까?

## 약탈적인 '1만 대 1' 주식병합

넥슨의 급성장을 얘기하자면 전설의 '1만 대 1' 전투가 빠질 수 없다. 뭐 치고받고 싸운다는 게 아니라 주식병합 얘기다. 궁금하지 않나? 지금부터 설명해줄 테니 잘 듣기 바란다.

처음에도 얘기했지만 넥슨은 M&A(기업인수 합병)를 통해서 게임업계의 제국으로 성장했다. 그 과정에서 넥슨이 지분을 인수 후, 소액주주에게는 '1만 대 1'이라는 초유의 주식병합을 했다는 거다. 어떻게 그럴 수가 있었냐고? 멀쩡히 흑자 나는 회사를 회계기준 정책 및 적용 변경을 통해 적자로 만든 다음, 소액주주를 등쳐서 그들의 주식을 헐값에 매입한 것으로 의심된다! 나는 분명히 그렇다고 하지 않았다. 의심된다고 했다!

그 회사가 바로 「아틀란티카」, 「군주」 등의 게임을 개발한 엔도어즈다.

넥슨은 2010년 5월 이 회사의 대주주들로부터 지분 67%(경영권 프리미엄 포함해 주당 13,294원)를 2천억 원에 사들여 최대주주가 된다. 그리고 공작이 시작된다. 2009년 말 감사보고서 상 300억 매출에 영업이익 150억여 원 나던 회사가 6개월 후 적자 회사가 되었다.

이후 넥슨은 다른 소액주주들에게 1주당 5천~5천 5백 원씩 쳐주겠다고 제안해 주식을 사들여 2010년 11월 지분을 96.74%까지 끌어올린다.

엔도어즈의 주주는 242명에서 98명으로 급 줄었다. 그런데 넥슨에게는 여전히 많았다는 거! 그래서 좀 무리를 한다. 임시주주총회를 열어 무려 '1만 대 1'의 비율로 주식을 액면병합해 버린 거다. 주식분할 1년 6개월여 만에 한국에서는 유례를 찾아보기 힘든 아주 '과격한' 비율로 다시 병합을 한 것이다. 1만 대 1이 무슨 말인지 감이 잡히지 않나?

1,891만 주가 1,880주로 화악 줄었다는 거다. 물론 주식 액면가

는 500원에서 500만 원으로 1만 배 증가했다. 결정적으로 의결권을 가진 주주가 딱 7명으로 줄었다. 넥슨의 지분율은 0.54% 올라 97.29%가 됐다.

자, 이쯤에서 주주들 정리에 성공한 넥슨 쪽의 해명을 들어 보자. "매출 규모 300억 원대 안팎인 회사의 주식 수가 1천 890만 주에 달하는 것을 정상적으로 보기는 어렵다. 주주와 주식 수가 많으면 회사 운영의 위험 요소들이 발생하게 된다." 관계자의 해명은 이렇게 이어진다.

"분기별로 사업보고서를 제출하고 수시로 주요 사항 보고서를 내야 하는 부담을 더는 것도 주식병합의 이유였다." 관련법은 주주수가 25명 이하일 때 공시 의무를 지우지 않는다.

그러면 엔도어즈의 소액주주 입장에서 살펴보자. 주식 1만 주를 가지고 있어야 1주로 바꿀 수 있다고 하는데, 소액주주가 왜 소액주주냐고? 대부분이 그 이하를 가지고 있다는 거다. 눈물을 머금고 포기할 수밖에! 500원짜리 주식 9,999주를 가지고 있었던 사람도 500만 원짜리 신주 1주를 취득하지 못하고 시장에서 퇴출당한 거다.

# 넥슨의 '적자 내기 대작전'

엔도어즈의 최근 5년간 매출 및 이익현황을 보면 쭉 흑자를 실현하다가 넥슨이 인수한 2010년 회계연도에 대규모 적자로 전환된다. 넥슨은 대규모 적자를 공시하고 소액주주들에게 주당 5천 원에서 5천 5백 원에 주식매입을 했는데, 엔도어즈의 주당 가치를 적정하게 산출했는지도 의문이고 소액주주를 기망하여 소액주주의 주식을 헐값에 매입한 게 아니냐는 의심을 받고 있다.

복습 한 번 해볼까? 이 책의 앞부분에 나오는 분식회계! 재무제표를 의도적으로 조작하거나, 이용자에게 정보를 왜곡하는 거라 했던 거, 기억하는가? 넥슨이 한 짓이 바로 그거다.

엔도어즈는 넥슨이 최대주주가 된 후, 별다른 상황 변화가 없음에도 자산의 상각방법 및 수익비용의 인식방법을 변경하여 대규모 적자를 발생시켰다. 대규모 적자는 주식의 가치를 낮추었고, 최대주주인 넥슨은 이를 소액주주의 지분을 헐값에 매입하는 기회로 삼는다. 참고로 넥슨이 엔도어즈를 인수할 당시의 주가는 13,224원, 소액주주에게 매입한 주가는 5,000~5,500원이었다. 그 당시 소액주주들, 엄청 억울했을 거다.

이런 과정을 통해 전체 주주 수는 243명에서 7명으로, 소액주주 수는 232명에서 5명으로 거의 퇴출되었다. 더구나 엔도어즈는 넥슨 인수 후 매출은 증가하는데, 회계 장부상 수익성은 자꾸 떨어지는 기현상을 보여주고 있다. 약탈적인 '1만 대 1' 주식병합 전후 소액주주들의 피해 구제를 위해 현재 집단소송이 준비 중이다.

■ (주)엔도어즈 최근 5년간 매출 및 이익현황

(단위 : 백만 원)

| 회계연도 | 2011. 12 | 2010. 12 | 2009. 12 | 2008. 12 | 2007.12 |
|---|---|---|---|---|---|
| 매출액 | 38,483 | 28,872 | 30,519 | 16,109 | 5,728 |
| 영업이익 | 1,762 | −4,494 | 14,947 | 3,261 | 1,161 |
| 법인세비용차감전 순이익 | 2,103 | −11,624 | 10,480 | 1,884 | 422 |
| 법인세비용 | 1,408 | −3,850 | −2,627 | 47 | 218 |
| 당기순이익 | 695 | −7,774 | 13,107 | 1,837 | 204 |

− 자료출처 : 금융감독원 전자공시시스템

## 신용정보 유출까지, 참 여러 가지 한다

2011년 넥슨의 효자 상품이자 국민 게임이라 할 수 있는 「메이플스토리」 이용자의 신용정보 유출사건이 발생했다. 무려 1,320만 명! 성명, ID, 주민번호, 비밀번호가 유출됐다고 했다. 게으른 사람들은 하나의 ID와 비밀번호를 사용한다. 유출된 ID와 비밀번호가 인터넷뱅킹에도 활용되는 것이라면 끔찍한 사태가 발생할 상황이다.

집단소송이 시작되었다. 신용정보 유출에 대한 형사 건에 대해 검찰은 무혐의 처분을 받았다. 기존의 개인정보 민사 사건에 대한 법원의 입장은 "문제는 인정하지만 소비자 피해가 없으므로 보상할 필요가 없다."는 것이다. 그러나 '제일저축은행 불법 명의도용 사건'의 예를 보면 불법 유통되는 개인정보가 사실상 피해를 유발한다는 것이 증명되지 않았는가? 공익소송 변호인단은 수임료를 받지 않고 100만 원의 위자료 청구소송을 진행했고, 소송비용(대지대)은 대략 1만 5천 원 정도였다. 일반적인 공익소송처럼 1~2명이 아닌 100명 단위로 접수하여 진행하는 방식을 썼다.


## 넥슨의 노예가 된 PC방 업주들

대형 게임사와 PC방 영업주들의 관계는 당신이 상상하는 그런 관계가 아니다. 다른 업종과는 비교하기 어려운 심각한 불공정 거래관계인 것이다. 게임사들은 온라인게임을 이용할 경우에만 비용이 발생하는 별도의 콘텐츠를 PC방에 공급하면서, 그 비용이 PC방 영업을 위한 것이라고 주장한다. 게임 이용자들에게 직접 온라인게임 콘텐츠 비용을 받을 수 없는 형태로 유통되는 것이다. 똑같은 콘텐츠를 외국에 유통할 때는 게임 이용자가 콘텐츠 비용을 내고 구매하도록 쿠폰 형태로 PC방에 공급한다. 넥슨은 자신을 키워준 우리나라 소상공인들을 야무지게 차별하고 있는 셈이다.

무료 게임의 PC방 프리미엄 혜택도 해당 게임의 이용자가 프리미엄 혜택을 받을지 여부를 선택할 수 없어 게임을 이용하면 무조건 비용을 받는데 이는 게임사에만 일방적으로 유리한 방식이다. 사실상 게임사가 PC방에 무조건적인 과금을 하고 있는 것으로 PC방 소상공인들의 부담이 가중되고 있는 거다.

넥슨은 개인들에게는 무료로 게임을 제공하면서 PC방에는 게임을 구매하지 않으면 무료 게임의 이용조차 제한하고 있다. 넥슨이 PC방 프리미엄 혜택을 만든 이유는 아이템 직접 판매의 매출 하락을 막기 위해서라고 한다. 어쨌든 업주들은 울며 겨자 먹기로 넥슨이 원하는 대로 구매를 해야 했다. 또한 프리미엄 혜택이 제공되지 않았는데도 요금을 받거나 게임 이용이 종료되었는데도 계속 사용

중으로 인식하는 등 오과금도 빈번히 발생하고 있다.

게임사와 PC방의 불공정한 거래관행을 개선하기 위해 전국소상 공인연합회 차원에서 공문을 보내고 대화를 시도했으나 넥슨은 대화 자체를 거부한 채, 여론 악화를 방지하기 위해 '소규모 PC방(1천 개) 요금 50% 감면'과 '초당 요금제 검토' 등 이벤트성 약속만 남발하고 있다.

넥슨은 영세한 PC방에 50% 요금 감면 혜택을 주겠다며 일방적으로 접수를 독려하고 시작도 하지 않은 이벤트의 만족도 조사를 하는 등 비정상적인 행태를 보였다. 자신들은 PC방과 상생을 하기 위해 노력하고 있고 PC방도 만족하는데 연합회나 조합이 괜히 시비를 걸고 있다고 주장하려는 노림수다. 참, 잔머리 잘 굴린다!

넥슨은 이벤트 접수가 마감되자 6개월간 월 200시간(5만 원 상당)으로 혜택의 내용을 슬며시 바꾸었다가 PC방 소상공인들이 항의하자 직원 실수라고 발뺌한다. 200시간은 기본으로 제공하고 추가분에 대해 50% 감면해 주겠다고 또다시 공지를 변경한 것이다. 참, 뻔뻔하다!

넥슨은 국정감사 등에서 오과금 문제가 계속 불거지자 1초 단위 요금제를 도입하겠다고 홍보를 한다. 마치 업계 최초인 듯! 잘 모르는 사람들은 넥슨이 뭔가 선심을 쓰는 줄 알겠다. 그러나 이미 대부분의 게임사들은 이미 수년 전부터 코인제 도입 등으로 낙전 수입이 없는 합리적인 요금제를 운영해왔다. 1초 단위 요금제 역시 2009년 CJ E&M의 넷마블이 이미 도입한 것으로 업계 최초도 아니며, 넥슨이 서비스를 시작한 것도 아니다. 그냥 내부 검토만 한 수준에서 언론 플레이만 하고 있는 거다.

이런 언론 플레이와는 달리 넥슨의 PC방 수탈은 변함없이 계속되고 있다. PC방 업주들은 선금을 주고 게임을 구매해놓고도, 혹시 사용하지도 않은 게임 비용이 빠져나갈까봐 노심초사 하며 24시간 감시를 해야 한다. 게임사와 PC방이 얼마나 수탈적 구조인지 이것 하나만 봐도 알 수 있다.

넥슨은 잘 들어라!
PC방이 별도 콘텐츠인 온라인 게임을 유통하면서 수익을 낼 수 있는 정상적인 유통구조로 바뀌어야 하느니라. 변죽만 올리지 말고 낙전 수입이 없는 표준요금제를 즉각 실시하라. 그동안의 낙전 수입으로는 장학금 지급 등 사회공헌에 기여하기를 요구한다! 억지로라도 좋은 일 좀 해라! 그리고 무엇보다 넥슨은 PC방 업주들의 땀과 청소년들의 코 묻은 돈으로 성장했다는 사실을 잊지 마라!

그리고 정부는 들어라! 오과금의 근본적인 해결을 위한 시스템 개발과 지도 감독을 당장 시작해라! 진정한 상생과 게임업계의 공정한 거래를 위해 '표준약관'을 시급히 도입해라!

# 4

# '김앤장'은 참 나쁘다

## 언제나 유효한 공식, 유전무죄

아직도 법이 공평하다고 생각하는가? 천만에, 돈을 가진 사람들에게만 주어지는 특별한 방어권이 있다. 예를 들어보자. 최근 한화 김승연 회장은 횡령 등으로 원심에서 유죄가 확정되자, 체어맨답게 다리를 다쳤다는 엄살과 함께 보석 신청을 했다. 돈 있는 자들의 합법적인 방어권을 행사한 것이다. '유전무죄, 무전유죄'는 오늘의 대한민국에서도 여전히 명언이다.

지난 5년간 대한민국을 지배한 것은 삼성 이건희 회장, 이상득 전 의원, 그리고 'MB 가카'라고들 한다. 내가 한 말이 아니고 사람들이 그러더라는 거다. 그런데 법조계의 삼성 '김앤장' 역시 조용히 한 축을 담당했다고 한다. 여기서 들은 이야기를 한 번 해보려 한다. 분명히 말하지만 나한테 소송 걸 생각 말라. 난 가진 거 아무것도 없다. 내가 아는 어떤 노동자 분은 사측이 소송을 걸었는데, 소송가액만 5억 원이 넘는다더라. 다시 말하지만 지금부터 내가 하는 이야기는 그냥 들은 얘기다.

MB 정부 들어서 김앤장의 득세는 정말 정점을 찍는 것 같았다. MB 정부에 참여한 김앤장 출신 고위 공직자의 위상은 국무총리, 장관 등 정말 빵빵하다. 물론 각 부처의 위원들 역시 수두룩하다. 무슨 말이냐고? 김앤장이 원하는 정책이나 김앤장의 의뢰인들이 원하는 것들이 자연스럽게 정부 정책에 반영이 된다는 거다. 물론 김앤장은 개인 사건을 맡지 않는다고는 한다. 여기서 개인이란 물론 당신들이나 나 같은 사람을 말하는 거다.

■ MB 정부와 함께 한 김앤장 관련 고위 공직자

| 이름 | 직책 |
| --- | --- |
| 한승수 (김앤장 고문) | 국무총리 |
| 윤증현 (김앤장 고문) | 기획재정부 장관 |
| 이재훈 (김앤장 고문) | 지경부장관 내정자 |
| 박한철 (김앤장 변호사) | 헌법재판소 재판관 |
| 김회선 (김앤장 변호사) | 국정원 2차장 |
| 서동원 (김앤장 고문) | 공정거래위원장 |
| 박인제 (김앤장 변호사) | 국민권익위 부위원장 |
| 권도엽 (김앤장 고문) | 국토해양부 장관 |
| 조윤선 (김앤장 변호사) | 한나라당 대변인 |
| 한덕수 (김앤장 고문) | 주미대사 |
| 장용석 (김앤장 변호사) | 청와대 민정1비서관 |
| 이제호 (김앤장 변호사) | 민정수석실 법무비서관 |
| 정진영 (김앤장 변호사) | 청와대 민정수석 |

– 자료출처 : 아이엠피터의 소시어컬쳐

전관예우란 말 들어봤을 거다. 그렇다. 당신 같으면 당신네 선임이 부탁하는데, 안 들어줄 수 있나? 심지어 연봉 빵빵하고 사회적 지위가 하늘같은 직장으로 옮겨간 선임의 부탁이라면…… 앞에서 언급했듯이, 김앤장은 의뢰인의 부탁을 충분히 정부 정책에 반영시킬 수 있는 효율적인 법률가 집단인 거다. 물론 비싸다. 아주 아주 아주 아주 많이 비싸다.

■ 퇴직 후 김앤장에 근무하는 각 부처 위원들

| 이름 | 전직 | 김앤장 내 현 업무 |
|---|---|---|
| 윤증현 | 금융감독위원회 위원장 | 장관 임명 뒤 퇴직 |
| 김원준 | 공정거래위원회 사무처장 | 공정거래 |
| 이동규 | 공정거래위원회 사무처장 | 공정거래 |
| 신태욱 | 수원세관장 | 관세 및 국제통상 |
| 이영우 | 국무총리실 조세심판원 상임 심판관 | 세무조사 및 쟁송 |
| 오창석 | 국제금융센터 조기경보실장 | 파생상품, 자본시장, 증권 규제 |
| 장정자 | 금융감독원 국제협력국장 | 은행, 금융지주회사, 보험 |
| 전홍렬 | 금융감독원 부원장 | 기업인수, 합병, 비은행 금융사 |
| 김대평 | 금융감독원 부원장 | 은행, 금융지주회사, 비은행 금융사 |
| 유관우 | 금융감독원 부원장보 | 보험 |
| 전광수 | 금융감독원 소비자서비스국장 | 은행, 금융지주회사, 비은행 금융사 |
| 김원배 | 근로복지공단 이사장 | 인사, 노무, 외국인투자 |
| 이기주 | 방송통신위원회 기획조정실장 | 방송, 통신 |
| 서병조 | 방송통신위원회 방송통신융합정책실장 | 방송, 통신 |
| 고정식 | 특허청장 | 에너지, 자원, 지적재산권 |
| 김헌수 | 중앙노동위원회 사무처장 겸 상임위원 | 인사, 노무 |
| 이영호 | 증권선물거래소 상임고문 | 증권 규제, 자본시장 |
| 양천식 | 한국수출입은행 은행장 | 은행, 금융지주회사 |

– 자료출처 : 다음카페 유신망령 잔재 청산을 위한 국민투쟁본부

이들이 정부 정책만 좌지우지 하는 것이 아니다. 경영계에도 막강한 영향력을 미치며 자신들의 기득권을 위해 목소리를 하나로 모으는 구심점 역할도 한다. 이렇게 훌륭한 사람들이 투입되어 돈뭉치를 들고 로비를 하면 일이 잘 풀릴 수밖에 없다. 당신이 돈만 넉넉하다면 정부 정책 하나쯤 슬쩍 궤도 수정하게 하는 건 그렇게 어려운 일이 아니다. 재벌 비서실에서 왜 김앤장을 들락날락 하는지 이제 알았을 거다.

윤증현 전 기획재정부 장관은 김앤장 고문으로 있으면서 연봉 6억 원을 받았다. 박한철 헌법재판소 재판관은 김앤장 고문으로 단 4개월을 재직했는데, 3억 5,000만 원을 받았다. 당신들이나 나로서는 상상을 할 수 없는 숫자다.

김앤장은 분명히 법률회사인데, 변호사도 아니고 고문들이 요렇게 받는다는 거다. 물론 공식적으로 드러난 것만 말이다. 그 정도 돈을 주면 정말 열심히 일할 것 같지 않나? 사실, 나도 김앤장이 부르면 가서 일할 거다. 뭐 욕먹을 일도 아니지 않는가? 김앤장에서 일한 경력은 능력 있음을 인정하는 지표다. 정말 갑갑하고 한심한 건 사실이지만 그들의 유혹을 뿌리칠 사람이 얼마나 될까?

■ 30대 대기업 김앤장 출신 사외이사 현황

| 이름 | 전직 | 김앤장 내 현 업무 |
|---|---|---|
| 윤증현 | 금융감독위원회 위원장 | 장관 임명 뒤 퇴직 |
| 김원준 | 공정거래위원회 사무처장 | 공정거래 |
| 이동규 | 공정거래위원회 사무처장 | 공정거래 |
| 신태욱 | 수원세관장 | 관세 및 국제통상 |
| 이영우 | 국무총리실 조세심판원 상임 심판관 | 세무조사 및 쟁송 |
| 오창석 | 국제금융센터 조기경보실장 | 파생상품, 자본시장, 증권 규제 |
| 장정자 | 금융감독원 국제협력국장 | 은행, 금융지주회사, 보험 |
| 전홍렬 | 금융감독원 부원장 | 기업인수, 합병, 비은행 금융사 |
| 김대평 | 금융감독원 부원장 | 은행, 금융지주회사, 비은행 금융사 |
| 유관우 | 금융감독원 부원장보 | 보험 |
| 전광수 | 금융감독원 소비자서비스국장 | 은행, 금융지주회사, 비은행 금융사 |
| 김원배 | 근로복지공단 이사장 | 인사, 노무, 외국인투자 |
| 이기주 | 방송통신위원회 기획조정실장 | 방송, 통신 |
| 서병조 | 방송통신위원회 방송통신융합정책실장 | 방송, 통신 |
| 윤장근 | 법제처 차장 | |
| 고정식 | 특허청장 | 에너지, 자원, 지적재산권 |
| 김헌수 | 중앙노동위원회 사무처장 겸 상임위원 | 인사, 노무 |
| 이영호 | 증권선물거래소 상임고문 | 증권 규제, 자본시장 |
| 양천식 | 한국수출입은행 은행장 | 은행, 금융지주회사 |

– 출처 : 2010~2011년, 다음카페 유신망령 잔재 청산을 위한 국민투쟁본부

김앤장이 어떤 잘못을 했는지 하나하나 열거하기엔 숨차다. 그래서 뭉뚱그려서 간단히 설명하려고 한다. 우리나라 M&A와 금융 관련해서는 다 김앤장이 한다고 보면 된다. 물론 의뢰인들은 투기자본들이다. 흘려듣지 말고 잘 들어라!! 김앤장의 주 고객은 '투기자본'이다!! 론스타, 키코 등등! 그렇다, 이런 사건들은 김앤장이 도맡아서 싸우고 있다.

이 책 어디선가 난 김앤장이 무섭다고 했다. 한심한가? 당신들은 안 싸워봤지? 그래서 그런 거다. 김앤장이 아무리 무서워도, 김앤장이 나쁘다는 건 내가 분명히 말할 수 있다. 그리고 김앤장이 정의와 공익의 편이 아닌 탐욕과 사익을 위해 일한다고 자신 있게 말할 수 있다.

모든 일은 이렇게 시작한다. 관심을 가져야 좋은 놈인지 나쁜 놈인지 알 수 있다. 내가 이 책의 처음부터 마지막까지 관심을 가지라고 말하지 않았나. 그리고 나쁜 놈에겐 나쁜 놈이라고 말할 수 있어야 한다. 겁난다고 피하면 안 된다.

왜? 이 모든 것은 피 같은 내 돈을 지키기 위한 거니까!

# 5

# 모피아, 금융 제국을 만든 사람들

## 회전문 안의 사람들

요즘 모피아(Mofia)란 말이 다시 뜨고 있다. 모피아란 재무부 출신 인사를 지칭하는 말로 재무부(MOF, Ministry of Finance, 현 기획재정부)와 마피아(Mafia)의 합성어다. 왜 하필 재무부일까? 각 나라의 재무부 출신 인사들이 정계, 금융계 등으로 진출해 산하 기관들을 장악하며 강력한 영향력을 행사하며, 스스로 거대한 세력을 구축하였기 때문이다.

이들은 가계대출을 방치하고 금리를 낮춰 부동산 폭등을 조장했다. 공공부문 민영화를 주도했고, 금융기관을 해외 투기자본에 팔아넘겼고, 금산분리 폐지를 이끌었다. 신자유주의 금융 세계화를 주창한 것도 이들이다. 그런데 신기한 것은 이로 인한 문제들이 불거질 때마다 그들에겐 '정책적 판단'에 의해 면죄부가 부여되었다는 거다.

재무부(MOF)와 마피아의 발음이 비슷한 것은 우연이 아니라 필연인지도 모른다. 미국에서도 오죽하면 그들을 마피아에 빗댔을까. 금융계의 탐욕은 진정 글로벌하다. 우리나라 역시 배타적 조직이기주의와 선후배 사이의 끈끈한 의리로 한국 경제 수십 년을 쥐락펴락한 것이 그들이다.

국책은행, 금융기관, 관리 감독기관까지 요직은 모두 모피아가차지했다. 재경부에 근무하다가 금감위 고위직으로 갔다가, 다시국책은행 총재로, 경제부처 장관으로, 청와대 경제참모로 돌고 돌아 영전한 사례는 너무나 많다. 관직을 벗어도 걱정할 필요가 없다. 대기업으로, 대형 로펌으로, 국회의원으로 진출하면 되니까.

혹시 '회전문 이론(Revolving Door Theory)'이라고 들어봤는가? 미국의 군 장성들이 은퇴 후에 국방부 관리로 임명되고 임기가 끝난 후 다시 방위산업체 등의 간부로 들어가 국가에 큰 영향력을 행사하는 관행을 우려해서 생긴 말이다. 이 회전문 이론이 금융업계에도 똑같이 적용된다. 물론 앞서 말한 김앤장 역시 최고의 좋은 예이다.

■ 금융업계의 '회전문 이론' 적용 사례

| 이름(행시 기수) | 기관(취임 시기) | 직책 | 주요 이력 |
|---|---|---|---|
| 김석동(23) | 금융위원회(2011.1) | 위원장 | 재정경제부1차관, 금융정보분석원장 |
| 권혁세(23) | 금융감독원(2011.3) | 원장 | 기획재정부 재산소비세제국장, 재정경제부 금융정책과장 |
| 강만수(8) | 산은금융그룹 | 회장 | 기획재정부 장관, 재정경제원 차관 |
| 진영욱(16) | 정책금융공사 | 사장 | 재정경제부 금융정책과장, 본부국장 |
| 박병원(17) | 은행연합회 | 회장 | 재정경제부 1차관, 재정경제원 장관 비서실장 |
| 신동규(14) | 농협금융지주 | 회장 | 재정경제부 기획관리부실장, 재무부 자본시장 과장 |

## 정권은 유한하고, 모피아는 영원하다

사실 사법, 외무, 행시 3대 고시 중에 행시가 살짝 뒤로 빠지는 경향이 있었는데, 알고 보니 이렇게 막강한 권력을 가지고 있었던 거다. '모피아' 하면 떠오르는 인물! 바로 우리의 만수 형님이다. 형님은 IMF의 화신이며, 은행에 대박을 터뜨려준 키코 상품의 창시자이시기도 하다.

좀 더 들어가 보자. 금융위원회 소관 기술보증기금, 신용보증기금, 예금보험공사, 자산관리공사, 정책금융공사, 주택금융공사, 기업데이터, 코스콤, 거래소, 예탁결제원과 기획재정부 소관 수출입은행, 한국투자공사 및 산업은행, 기업은행 등 14곳의 역대 CEO 196명 중 순수 내부 출신은 6명(3%)에 불과하고 기재부 출신이 92명(47%)을 차지한다. 여기기에 기재부에서 넘어온 금융위와 금감원 출신까지 합하면 모피아 출신은 104명으로 전체의 53.1%에 달한다. 그 중 거래소와 기업은행, 캠코를 제외한 11곳은 단 한 번도 내부 출신 기관장을 배출하지 못했다. 그냥 모피아 천국인 것이다.

1954년 설립된 산업은행은 58년 간 한 명의 내부 행장도 배출하지 못했고, 거래소의 등기이사 7명 중 내부 출신은 1명에 불과하다. 그리고 중요한 것은 이들이 인사권을 가졌거나 인사권에 영향을 끼치는 높은 사람들이라는 거다. 뭔 말이냐고? 그 밑의 자리도 줄줄이 모피아 출신으로만 연결된다는 뜻이다.

군부 독재 시절, 군내 사조직인 하나회를 기억하는가? 우리는 그

사조직을 척결함으로써 절차적 민주주의가 일정 부분 이뤄지도록
했다. 그런데 경제의 핵심인 금융에 이런 사조직이 존재하고 있었
던 것이다. 정말 짜증나는 존재들이다! 이들은 지금도 변함없이 권
력 뒤에 숨어, 내 돈을 갈취하고 있다. 이들이 존재하는 한, 금융
민주주의는 이루어지기 어려울 것이다.

　현재 모피아는 경제부처와 금융계를 지배하고 있다. 물론 MB
정부 들어서 더 심해지기는 했지만 김대중, 노무현 정부 때도 그랬
다. 꼭 기억해야 한다. 모피아는 정권과 상관없이 독립된 권력 모
임이라는 것을! 모피아 출신 국회의원들 역시 여야 막론하고 광범
위하게 자리잡고 있다. 당연한 일일 것이다. 그러나 아직 진보 정
당 쪽에는 없다. 뭐, 집권해본 적이 없으니까! 모피아에 관해서는
이런 명언이 있다. "정권은 유한하고, 모피아는 영원하다."

　모피아가 정권과는 상관없이 스스로 생명력을 가지고 자신들의
권력을 복제해내는 조직임은 분명하다. 정권의 색깔이 어떠하든,
지도자의 의지가 어떠하든 그들은 그들의 이익을 창출하기 위해
전력을 다한다. 기업과 금융 당국을 넘나들며 권력을 재생산하고
있는 모피아를 막을 수 있는 세력은 어디에도 보이지 않는다. 권력
과 이익으로 맺어진 고리는 너무 견고해 도무지 끊어지지가 않을

것처럼 보인다.

그렇다고 절망하지는 마라. 힘없는 우리가 모피아에 대항할 수 있는 방법이 있으니까. 그래서 내가 처음부터 '금융소비자위원회'를 만들어야 된다고 주장하는 거다. 관심을 가지고, 힘을 보태고, 조직을 갖추고, 행동을 함으로써 우리의 권리를 주장해야 한다. 가만히 있으면 끝까지 당할 뿐이다. 계란으로 바위 한 번 쳐보자.

혼자 하면 안 될 것도 함께하면 된다. 나는 '우리'의 힘을 믿는다.

# 당신 혼자 속수무책으로
# 당하게 두지는 않겠다

당신은 원했든 원하지 않았든 이 세상에 왔다. 일단 왔으니 살아야 한다. 그러면 어떻게 살 것인가? 2가지 방법이 있다.

하나는 그냥 따르며 사는 것, 다른 하나는 바꾸며 사는 것이다.

그냥 따르면서 살아도 별 문제 없다면 그냥 살아라. 대신에 억울하다고 울지 말고 당했다고 복수하지 말라! 당신들이 인정한 일인데 난리칠 것 없지 않은가?

하지만 억울한 것도 싫고 당하는 것도 싫다면 바꾸는 수밖에 없다. 그렇다고 총칼 들고 나가 싸우라는 게 아니다. 대한민국은 민주주의 국가라고 헌법에 나와 있다더라.

그렇다면 우선 투표해라! 투표해도 안 바뀐다고? 그럼 바뀔 때까지 투표해라! 당신들을 괴롭히는 그 인간들은 모두 당신들 돈으로 먹고 사는 인간들이다! 투표하면 분명히 바뀐다! 인디언의 기우제는 100% 성공한단다. 왜? 비가 올 때까지 하니까!

그리고 시민사회단체 활동에 동참해라! 당신들 생각과 주장을 대변하는 단체를 찾으면 된다. 먹고 살기 바쁘다고? 참 답답하다. 당신들이 먹고 살기 힘든 이유가, 그 핑계로 투표도 안 하고 시민사회단체에 참여도 안 해서다! 그게 바로 악순환이라는 거다? 먹고 사는 문제 해결하는 거, 생각보다 어렵지 않다. 큰 선거만 보면 평균 2년에 한 번이다. 그것도 딱 하루, 정확하게 말하면 1~2시간이다! 먹고 살기 힘드니까 제발 투표해라!

시민사회단체에 참여해서 활동가가 되어야 할 이유는 없다. 참여연대네, 금융소비자협회네, 진보연대네, 투감이네, 희망살림이네 등등의 단체들 많이 봤을 거다. 그 단체에서 일하는 사람들, 최저 생계비 받고 있다. 물론 대부분은 최저 생계비 이하다. 신념을 가지고 사는 사람들이라는 거다.

어찌되었든, 이런 사람들로 인해 분명히 세상은 바뀌었고 지금도 바뀌고 있다. 당신들 삶이 조금씩 나아진다면 그 이유다. 대체 뭔 얘길 하고 싶냐고? 그래, 내가 좀 길게 이야기한 감이 있다. 한 마디로 "후원해라, 기부해라!!!" 하루에 100원이든 1000원이든 당신 마음에 드는 단체가 있으면 후원해라! 물론 내가 속한 금융소비자협회면 더 좋다! 당신이 산 이 책의 인세도 협회로 입금된다. 물론 후원까지 해주겠다면 절대 말리지 않을 거다.

지금 이 책 최초이자 최후의 공손한 표현 나가신다.

"감사합니다~"


다시 한 번 말하지만 당하고 나서 해결하려 하는 것보다 당하기 전에 바꾸는 것이 훨씬 싸게 먹히고 좋은 거다. 지금보다 살기 좋은 세상을 만들고 싶으면 동참해라! 물론 당신들이 원하는 단체에 원하는 만큼 동참하면 된다. 말로만 하면 안 된다. 자원봉사든 현물이든 현금이든 다 좋다. 단 돈 천원이라도 좋다.(백원은 안 된다. 어떤 단체든지 수수료 나가니까)


자, 이제 움직여라! 지금 당장 컴퓨터 켜고 시민단체들에 대해서 알아봐라. 내일로 미루지 말라. 이 책에서 이야기한 것에 대해 관심이 있다면 언제든 찾아와라. 함께 의논하고 토론하고 공부해보자! 금융과 관련해 피해를 입은 것 같고, 피해를 입을 것 같다면 역시 찾아와라! 함께 방법을 찾아보자!

내가, 우리가 지금 당장 문제를 다 해결할 수 있다고 이야기하진 않겠다. 하지만 당신 혼자 속수무책으로 당하게 두지는 않겠다. 안 될 것 같아도 함께하면 된다. 분명히 된다.

내가 자주 하는 말이 있다. 물론 마지막 인사다.

"행복합시다!"

‖ 금융소비자협회 ‖

:: 협회 소개

금융소비자협회는 금융 당국과 금융사가 일방적으로 정하는 금융정책이 아닌 금융소비
자가 참여하여 권리와 이익을 보호받는 금융정책이 만들어지는 세상을 만들기 위해 발
걸음을 내딛었습니다. 본 협회는 금융회사의 무분별한 수익 추구로 인한 소비자 피해
방지는 물론, 금융소비자의 권익 향상과 금융의 사회공헌을 지향합니다.

금융사의 불완전한 판매 근절과 금융소비자의 권리 찾기 교육, 금융사의 윤리 교육 강
화 등을 위한 실질적인 활동과 토론, 정책 대안 제시, 감시와 견제 역할을 하고 있습니
다. 금융사의 기망적인 사기 영업으로 가장 큰 피해를 입는 것은 금융소비자 자신입니
다. 오천만 금융소비자의 권리가 모두 소중하게 보호받을 수 있도록 열심히 노력하고
있습니다.

:: 협회 활동

첫째, 금융소비자협회는 빚을 내서 투자한다는 잘못된 상식을 바꾸기 위한 다양한 교육
사업을 실시하고 있습니다. 고수익 투자의 위험은 투자자 본인이 감수해야 하는 것이
며, 투자의 최종 책임은 소비자에게 있다는 것을 널리 알리고 있습니다.

둘째, 금융 민원을 해결하기 위한 민원실을 운영하고 있습니다. 이제까지 금융소비자가
피해를 보았을 경우, 적절한 상담과 도움을 받을 수 있는 곳을 찾기 어려웠습니다. 본
협회의 문은 항상 열려있으므로 금융 피해가 예상되거나, 직접적인 피해를 보았을 경
우, 지원을 요청하시면 됩니다.

셋째, 잘못된 금융 위주의 정책을 바꾸기 위한 입법 청원 사업을 하고 있습니다. 금융
사와 그들과 연계된 금융 관료들의 입김에 의해 금융정책이 좌지우지되어 온 것이 사
실입니다. 금융사에서 금융소비자로 정책의 중심이 바뀔 수 있도록 다양한 입법 제안
을 하고 있습니다.

넷째, 금융으로 인해 고통 받는 사회를 바꾸기 위한 국제연대 및 교류사업을 하고 있습니다. 금융사와 금융 관료들의 부도덕하고 탐욕스러운 행태는 국적을 가리지 않습니다. 월스트리트 오큐파이 운동에서 볼 수 있듯이 새로운 금융 질서를 원하는 움직임이 거세지고 있습니다. 본 협회는 국제적 교류를 통해 정보를 공유하고 활동의 새로운 동력을 얻고 있습니다.

다섯째, 연구 및 정책 대안을 제시하고 있습니다. 금융소비자의 입장에서 이루어지는 연구 및 정책은 미비했던 것이 사실입니다. 본 협회는 금융소비자의 권익을 보호하고, 피해를 최소화할 수 있는 다양한 연구 활동을 하고 있으며, 정책 개발에도 최선을 다하고 있습니다.

:: 협회 연혁
본 협회의 활동은 2010년으로 거슬러 올라갑니다. 2010년 8월에 집단파산, 회생 소송을 했으며, 같은 해 9월엔 '채무자 회생 및 파산에 관한 법률 개정안'을 입법 청원했습니다. 2011년 3월 출범 후에는 금융소비자보호기구 촉구 기자회견을 했으며, 리볼빙 서비스 수수료 반환운동을 이끌었습니다. 이어서 금융소비자보호법 촉구 운동 및 저축은행 후순위채 반환 운동을 했습니다.

:: 협회 구성
금융소비자위원회의 조직은 공동협의장 아래 사무국과 공동사업주체(연계 단체)를 관할하는 부서와 법률지원단으로 구성되어 있습니다. 사무국 산하에 금융민원실, 금융연구소, 키코 사업단, 불완전판매 대응 사업단이 있습니다.

:: 주소 및 연락처
서울시 영등포구 여의도동 17-1  대표전화 02-786-7793
홈페이지_http://www.kofica.or.kr
이메일_kofica@kofica.or.kr